高情商接话

吉光片羽 编著

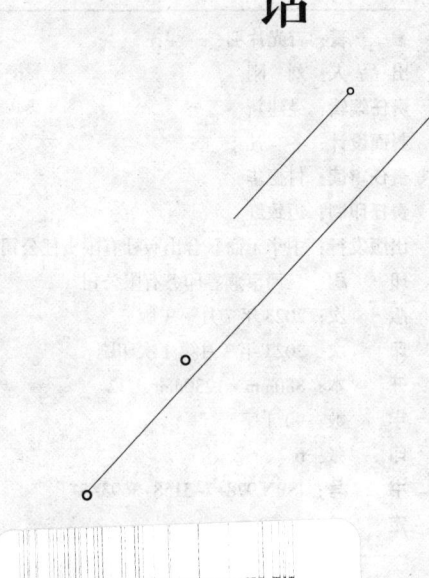

中华工商联合出版社

图书在版编目（CIP）数据

高情商接话 / 吉光片羽编著. -- 北京：中华工商联合出版社，2023.7

ISBN 978-7-5158-3693-5

Ⅰ. ①高… Ⅱ. ①吉… Ⅲ. ①心理交往－语言艺术－通俗读物 Ⅳ. ① C912.13-49

中国国家版本馆 CIP 数据核字（2023）第 093040 号

高情商接话

编　　著：	吉光片羽
出 品 人：	刘　刚
责任编辑：	吴建新
封面设计：	冬　凡
责任审读：	付德华
责任印制：	迈致红
出版发行：	中华工商联合出版社有限责任公司
印　　刷：	三河市燕春印务有限公司
版　　次：	2023 年 7 月第 1 版
印　　次：	2023 年 7 月第 1 次印刷
开　　本：	880mm×1230mm　1/32
字　　数：	90 千字
印　　张：	6
书　　号：	ISBN 978-7-5158-3693-5
定　　价：	35.00 元

服务热线：010 — 58301130 — 0（前台）
销售热线：010 — 58301132（发行部）
　　　　　010 — 58302977（网络部）
　　　　　010 — 58302837（馆配部、新媒体部）
　　　　　010 — 58302813（团购部）
地址邮编：北京市西城区西环广场 A 座
　　　　　19 — 20 层，100044
投稿热线：010 — 58302907（总编室）
投稿邮箱：1621239583@qq.com

工商联版图书
版权所有　侵权必究

凡本社图书出现印装质量问题，请与印务部联系。

联系电话：010 — 58302915

序

献给曾经被误会和自以为被误会的人

古装剧里常有这样场面：主人说"上茶"，客人立刻起身告辞。茶可迎客，亦可逐客。所谓"上茶"，其实是一种文雅的逐客令，如果不识相，接下来可能就没有好脸色了。

古代中国人，有所谓"汤敬客辞"的暗示语。在我老家，仍留有类似的习俗。如果宴席的最后上的是一碗滚烫的鸡蛋汤，那是主人在暗示自己还有事，没时间再陪客人，客人喝完这道汤就应该尽早告辞，不要再耽误主人的时间。这种滚烫的鸡蛋汤，也被戏称为"滚蛋汤"——喝了就要滚蛋了。

听话听音，看人看心

古代西方有两句非常有智慧的谚语。一句是"只愿说而不愿听，是贪婪的一种形式。"这是告诫人们要学会倾听，要学会倾听弦外之音。另一句是"一句话说得合宜，就如金苹果落在银网子里","金苹果"是古希腊神话中的宝物,这句讲的是"接话要漂亮",能把话要说到人的心坎里,才叫真本事。

所谓"接话漂亮",就是说出合宜的语言,古语说:"口善应对,自觉喜乐。妙语适时,何等美好。"

人类语言有一个共性,那就是意义的隐含性。正所谓"话里有话,弦外有音"。每一场谈话里都有两种对话,一种是字面意义上的对话,另一种是有意或无意的暗示性对话。有时候,两种对话意思一致,但有些情况下,它们并不相同。

在一些沟通中,很大程度上都是隐含和间接的,只有小部分意义依赖于词语本身,而大部分意义是通过暗示、假设和听话人的"脑补"传递的。所谓"听懂暗示语",说穿了就是:全方位理解他人想表达的真实想法。

判断想法,说进心坎

《红楼梦》中,花袭人是贾宝玉屋里的大丫鬟之一,以"花解语"著称。贾宝玉的母亲王夫人不喜欢贾宝玉身边大部分"莺莺燕燕"的大小丫鬟,后来也赶走了不少她眼中的"狐狸精",但唯独对袭人另眼相看。

在书中,贾宝玉因丫鬟金钏儿跳井被父亲贾政动家法打了之后,袭人与王夫人有了第一次正式的接触。借着这次主仆对话,袭人在王夫人面前树立了"识大体""懂进退"的形象。袭人向王夫人进言需要好好管教宝玉,同时为防众人口舌诋毁,需要贾宝玉挪出大观园才好,这些恰好说到了王夫人心里去,直指外表慈爱宽厚的王夫人内心的真实想法:贾宝玉的成长不能出现名誉上的闪失,因为"保全了他就是保全了我"。

每个人都有自己的渴望和恐惧,秦始皇派徐福寻找长生不老之术,给了他大量的物质和人力支持。难道秦始皇一点也不怀疑徐福在骗他吗?当徐福揣摩出秦始皇是真的渴望长生不老时,徐福就向他贩卖希望。

这个时候,谁要是敢向秦始皇谏言说:"这世上的长生不老术都是骗人的。"那就是煞风景,扼杀了皇上的希望,那可是触逆鳞的大罪。

骗子能从微妙的非语言线索和随口评论隐含的深沉意义中,找出你最害怕或最渴望的东西。一旦找到,他们就知道如何操纵你。但不得不说,有些时候,操纵和被操纵是一种共生关系:一个愿打,一个愿挨。但不得不说,理解对方话语的真实意思,判断对方的真实意图,是接话的关键。

接话如接球

英国政治家本杰明·迪斯雷利有句名言:"你若想赢得一个人的心,就得允许他把你驳倒。"这就像是两个普通人在打羽毛球,最好能照顾对方的技术水平,让球在空中多飞一会儿，才能玩得尽兴。如果不是专业选手之间过招，尽量不要用刁钻的技术把对方打得毫无招架之力，否则下次人家就不愿再和你玩了。

詹妮·杰罗姆，是美国百万富翁、《纽约时报》股东之一的伦纳德·杰罗姆的女儿。她是公认的华尔街最漂亮的女孩，也是英国贵族圈的名媛。她被人称为伦道夫·丘吉尔夫人，她后来有一个大名鼎鼎的儿子，就是英国首相丘吉尔。

政治家本杰明·迪斯雷利和威廉·格莱斯顿是当时英国两位对立的大臣。

詹妮·杰罗姆在回忆录中描述了跟两人分别共进晚餐的感想："坐在格莱斯顿旁边吃完晚餐后，我觉得他是全英国最聪明的男人。但是坐在迪斯雷利旁边，走出餐厅时，我觉得自己是全英国最聪明的女人。"

怎样接话，才算漂亮？

人与人之间的沟通，更像是一种球类运动。

请注意，是运动，而不是锦标赛，要适度照顾对方的感受，才能将球不断地打来打去。所以，只有赢得人心，接话才算漂亮。

也就是说，让对方获得喜悦感，是接话的原则。从更深远的角度来看，让与你沟通的人感到喜悦，会进一步产生积极的连锁反应，从而达到事半功倍的效果。

显然，詹妮更喜欢跟迪斯雷利一起用餐。迪斯雷利是犹太人，当过两任保守党首相，本身不但是一流的演说家，更是超一流的听众。

本杰明·迪斯雷利擅长把话题转向身旁的人，这让他成为维多利亚女王的宠臣。选战期间，女王毫不掩饰自己对迪斯雷利的偏爱胜过格莱斯顿，有些人甚至觉得有违宪之虞。

迪斯雷利这种接话艺术，其实还有一个学术化的称谓，叫作"支持型回应"。善于雄辩滔滔、跳转话题，固然是一种口才。但优质的对话绝不是以自我为中心，更不是"抬杠"。人与人之间的对话，是一种互动，不独占话题，才能宾主尽欢。诚如戴尔·卡耐基所言："在辩论中，获得最大利益的唯一方法，就是避免辩论。"赢得辩论远不如赢得人心。

关于本书

当我们踌躇满志地从学校踏入社会，有时候遇到一些事会发现自己吃了"哑巴亏"。今天，就算你是整天面对电脑做研究、搞设计的专家，也需要把你的想法和主张去告诉别人，让别人接受，并且心甘情愿地和你合作。

管理者更不用说，计划、组织、控制、协调、培训、授权、会议、激励……甚至在各种聚会场合上，都会需要你抛头露脸。要是不会说话，就会被你的员工"另眼看待了"，因为他们会认为你是一个没有魅力的头儿。

如果你希望能在工作、生活中，人际关系和谐，做事减少阻力的话，就必须掌握"听"与"说"的语言艺术。

每个人都会遇到这样一种场合，需要我们说上几句合宜的话。而正是这几句合宜的话，却能够帮我们的大忙，解决我们生活中大大小小的问题。因此，如果我们能够有意地利用一些话语的技巧，就会对我们的生活、工作、事业、爱情有很大的益处，甚至会出现出人意料的奇迹。

正所谓"听话听音，看人看心"。如何不被误解，如何真正领会对方的意图，这是语言沟通所要解决的一个根本问题。

本书以语言心理学、人类行为学为基础，从聆听和发问的技巧，说话的方法，到微表情、肢体语言的捕捉，切入话题的方式，转换话题的技巧等，探讨沟通和接话艺术。

谈话就像学打羽毛球、骑自行车和游泳一样，它是一种技能，一旦掌握就永远不会忘。学会倾听与接话的艺术后，人生的成功就会增加一些助力，人际关系会得到改善，职场、商场、情场都会变得顺利。

目录
CONTENTS

第一章　**沟通中的谈话规则**
　　　　主管讲话，往往话里有话　　　3
　　　　听懂讳饰与讳语　　　5
　　　　出门看天色，说话看时机　　　6
　　　　人在职场，要听懂弦外之音　　　8
　　　　称呼不简单　　　10
　　　　工作中如何称呼他人　　　12

第二章　**弗洛伊德式"读心术"**
　　　　口误与暗示语　　　19
　　　　语言就像一座冰山　　　21
　　　　语言风格会出卖一个人的内心　　　24
　　　　最诚实的身体部位　　　26
　　　　避而不谈的话题，往往大有深意　　　28
　　　　解释就是掩饰　　　30

第三章　**用第三只耳朵倾听**
　　　　"耳才"是比口才更难的修炼　　　35
　　　　沟通不是脱口秀　　　37

	学说话需要三年，学闭嘴需要一生	40
	三分说、七分听	43
	一位合格的倾听者，该如何接话	45

第四章　接话是一场传球游戏

不要独霸"话语权"	53
传出你"手中的球"	55
没有人可以靠雄辩赢得人心	57
从对方引以为傲之事谈起	60
让话题越谈越热烈	62

第五章　理解暗示语，增加印象分

"道具"的力量	67
用学识增加"印象分"	68
说，还是不说	70
该表现时，一点都不要客气	72
多说"是"，少说"我"	73

第六章　避免"尬聊"的万能话题

"废话"是人际关系的第一句	77
万能话题清单	78
使用万能话题应注意什么	81
先给对方"安全感"，他才可能深入交谈	82
获得对方好感的说话技巧	84

第七章　暗示语与接话术

进化导致男女思维大不同　91
读懂"暗示效应",别再"凭实力单身"　94
当女人抛出一个棘手问题,该如何接话　95

第八章　模糊处理的接话艺术

模糊处理,减少摩擦　99
算命先生的模糊语言术　101
不得其人而言,谓之失言　104
直言直语会伤人　106
不懂模糊表达,只会陷入被动　108

第九章　幽默接话术是催化剂

用幽默虚化焦点　113
幽默是人际交往的润滑剂　115
用幽默化解困境　117
最佳批评方式　120
幽默使人魅力长驻　122

第十章　赢得人心的赞美接话术

赞美初见者,怎样"get到那个点"　129
赞美是一种口德　131
不要吝于赞美　132
没人不喜欢听赞美的话　134
屡试不爽的间接颂扬法　136

"二手玫瑰"更芬芳 137
赞美要得体、优雅 140

第十一章　化解冲突的柔性接话术

让你说出的 NO 像 YES 一样悦耳 145
化"尖刻的指责"为"真诚的关切" 146
骑马的最好方法是顺着它的方向跑 148
对朋友的客套适可而止 151
说客气话应该注意哪些事情 152

第十二章　真心尊重是唯一的原则

表达你的真诚 157
与人交谈时要保持充分的敬意 158
让对方产生亲近感的技巧 160
记住他的名字 162
表达善意是友谊的开始 164
用"咱们"代替"我" 166

第十三章　打圆场、下台阶的接话艺术

如何为人"打圆场" 171
给对方一个台阶 173
拒绝的"缓冲垫" 176
成人世界是如何说"不"的 177

第一章 沟通中的谈话规则

美国总统卡尔文·柯立芝说过一句名言："从来没有人因为倾听过头而丢了工作。"可见，所有的聪明人，都重视"听"这门功夫。

古希腊哲学家爱比克泰德有言："上天给了人类一张嘴、两只耳朵，无非是要我们多听少说。"所谓口才，并不在于辞藻是否华丽，见识是否广博，而在于能不能切中要害，赢得人心。当一个人有了"耳才"，口才就是自然而然的事情。

在成年人的世界，总是充满了各种暗示语。

比如在职场、商场、情场等场合，"暗示语"挺多的，能领会其中微妙，方能作出正确的应对，甚至还能作出令人由衷赞赏的应答。

主管讲话，往往话里有话

人在职场，言行举止往往都会受到各种因素的影响。很多话，不能明说，又不能不说。所以，很多时候，经理、主管的讲话，往往是话里有话。

柯立芝毕业于美国雪城大学，曾当选美国第30任总统。

相对于其他美国总统的高谈阔论，柯立芝的语言风格却以简洁著称，甚至连他最后一份遗书也只有23个字。因此，柯立芝被美国人称之为"缄默的卡尔文"。

柯立芝属于"人狠话不多"的角色，也是善于使用"暗示语"的高手。柯立芝只要一开口，往往能句句"击中"要害。

在某次白宫宴会上，一位女士与柯立芝十分器重的某位大使展开了唇枪舌剑的争论。这位女士故意贬低对方，说他粗野、鲁莽、无知。这时，一只大黑猫懒洋洋地跑到餐桌旁，靠着桌腿蹭起痒来。柯立芝转过身对右边的人说："这只猫已经是第三次到这里来捣乱了。"

柯立芝这句话说得很响亮，在他左边的那位"凶悍"的女士听到后，马上就安静下来了。整个宴会期间，再也没有听到那位女士大声嚷嚷。

对于任何一个总统来说，都应该一直保持彬彬有礼、温文尔雅的形象。柯立芝在这样的社交场合大声指责一只猫，这种"指桑骂槐"使在场的人心照不宣。用猫来指代那位"凶悍"的女士，说她像那只猫一样无礼，是故意来捣乱的，便是柯立芝想要说的。这样既巧妙地表达了自己对那位女士无聊争执的反感，也不致影响午宴的气氛，可谓是一语双关。

柯立芝是律师出身，但自从当选总统之后，发言就格外慎重。尤其是在面对媒体的时候，可谓惜字如金。柯立芝在他总统任期快要结束时，发了一个声明："我不打算再干这个行当了。"

记者们觉得他话里有话，于是就缠住他不放："请您解释一下，为什么不想再当总统了？"

最后柯立芝实在是没有办法，就把一位记者拉到一边对他说："因为总统没有提升的机会。"

柯立芝发表这样的声明，实在是出乎人们的意料。因为在他任期内，经济一直都很繁荣，甚至出现了著名的"柯立芝繁荣"。对于他来说，完全有机会争取连任，但是他却选择了放弃，所以记者才会认为他话里有话。

实际上，柯立芝是用一种幽默的方式，表达了对自己政治生涯的明智态度。就当时的情况来看，他拒绝了党内提名，因为他已经看出美国经济又一次走向了不景气的边缘。而自己能否有这个能力，再次挽救美国经济，就不得而知了。而且，当时柯立芝已经 56 岁了，也到了退休的年龄。何不趁着此次机会，将总统之位留给更能干的人呢？他不是真的因为总统没有提升的机会，而是急流勇退的一种明智之举。

柯立芝的这种语言风格，也对后来美国的部分政治家产生了影响。

在白宫一次讨论削减预算经费的会议上，里根总统风趣地对大家说："有人告诉我，紫色的软糖是有毒的。"说着，他随手拿起一粒紫色的软糖塞进嘴里。

里根所为，其实就是一种暗示语，他要以此态度暗示：不管别人怎样反对，他都要大大削减政府开支。

听懂讳饰与讳语

几千年来，中国以"礼仪之邦"著称于世。这其中，对于谈话中应该遵守的基本规则，也有属于自己的见解和认知，比如对讳语的使用。讳语，即避讳，即指说话时为避免触犯某种忌讳，就不直接说出，并使用别的话来指代。孔子编纂删改《春秋》时，就秉持着"为尊者讳，为亲者讳，为贤者讳"的原则和态度。

特定的讳语在当代已经非常少见了,但是讳饰作为一种语言表达习惯已经进入了我们的日常用语中。在中国北方,老人去世了,以"老了"讳饰;生活中,对跛脚老人说"您老腿脚不利索",对耳聋的人说"您耳背",对孕妇说"您有喜",长途汽车停在路边让旅客如厕以"让各位方便一下"来避讳;用餐时需上厕所,一般以去"洗手间"来避讳。

当代社会,我们无须使用特定的讳语。但是出于对他人的尊重与谅解,应做到"矮子面前莫说矮",应做到"哪壶不开就别提哪壶"。我们在沟通与谈话中,仍然需要学会使用讳语,也要学会听懂讳饰。这样,才能显示出自己是一个情商高的人。

出门看天色,说话看时机

同样的话,对张三说,张三会全神贯注地听;对李四说,李四却顾左右而言他。同样的话,此一时对张三说,张三乐于接受;彼一时对张三说,他却可能会觉得不耐烦。

这表明说话要区分对象,就算是同一对象,也要区分不同时机。

历史上,赵高要陷害李斯,便拿李斯当枪使:赵高对李斯说秦二世耽溺于享乐,不利于朝政,劝李斯进谏,并约定趁二世悠闲的时候,代为通知李斯。

一天,李斯应约进宫,二世正与姬妾取乐,看见李斯进来,心中很不高兴,而李斯却茫然无所知。正言进谏,二世只好当时敷衍一下,等李斯一退出,二世便开始发牢骚,说丞相瞧不起他,什么时候说不好,偏在这个时候来罗嗦!李斯的杀身之祸也因此而生。

可见,要向对方进言,应该注意什么时候最为适宜。当对方正工作紧张时、正焦急时、正盛怒时、正玩得高兴时、正悲伤时,不要去进言。否则,一定会碰一鼻子灰,不但说话的目的达不到,反遭冷遇。

通常,有得意的事,就该与得意的人谈;有失意的事,就应该和失意者说。和失意的人谈你得意的事,会被误会为在挖苦、讥讽对方,他对你的感情只会更坏,不会更好;和得意的人谈你失意的事,他至多表示同情,很难真正同情,有时还可能引起误会——以为你是有事请他帮忙,他会预先设防,使交谈变了味道。

所以,要诉苦就找相同情形的人,同病相怜;要谈得意事就找得意的人,感同身受。有的年轻人涵养功夫不够,稍有得意之事,便逢人就说且自鸣得意,结果招人笑你沾沾自喜,无意中还会惹起别人的妒忌。也有人偶有不如意便满腹牢骚,有如骨鲠在喉,不免逢人就诉,结果惹人讨厌,说你毫无耐性,甚至笑你活该。

总而言之，要说话，先要看准对象。如果所遇对象不对，还是不说为好。如果时机不对，也以不说为好。说话的成功与失败，诚然与说话技术有关，而是否得其人得其时，也与成败息息相关。多说话，别人未必认为你能干，少说话，也未必会拿你当呆子。

人在职场，要听懂弦外之音

有些时候，话直接说出来，大家都不好看，反而是"弦外之音"能达到曲径通幽的效果。尤其是身处职场的你，更需要听懂这些潜台词。

1. 告诉你一个秘密，千万别告诉别人 ◀

人在职场，沟通能增进感情。公司同事能分享给你的秘密，根本算不上秘密，充其量算是一种"八卦"。

同事告诉你一个秘密，并要求你别告诉别人，只是希望你不要告诉别人是他说的。隐藏"八卦"来源，也是一种道德。你如果想继续下面的话题，就应作出"承诺。"

2. 事实会告诉你的 ◀

这是一句废话，也是典型的"外交辞令"。外交官们在遇到他们不想回答或不愿回答的问题时,总是用"无可奉告"来搪塞。生活中,当我们暂时无法说"是与不是"时,也可用这句话。

还有几句大家经常讲的话,可以用来搪塞,比如"天知道""这个嘛……难说",与这句话所暗示的内容都是一样的。

3. 你是这方面的专家

当这句话用于对你提出专业性需求时,潜台词意思是:"你干什么吃的?你要全权负责。"既然我们都为你的"专业"花钱了,你总要拿出一份专业性够强的方案才对得起我们吧。

4. 挺好的,要不发给老总吧

我有一位同学,毕业时写的第一篇论文是抄的。拿给导师看,导师笑道:"挺好的,要不发到某某期刊上吧。"这位同学一听就慌了,也明白导师在委婉批评他抄袭论文,需要做较大的修改。

有的时候,说话方式不是直接地表达,而是话中藏话,话中带话。这种说话方式不仅会让人感到"面面俱到",而且也会使自己的意图明显表达出来。比如,在职场上,你有一份提案,想让同事提提意见。同事不便直说,也可能会用类似的暗示语。比如"挺好的,要不发给老总吧",那意思是说：这份提案真差，虽然我不便驳你面子，但老板是不会客气的。

5. 和你聊得真开心

当你和一个人聊了很久，要离开时，要懂得委婉的告辞。可以用"和你聊天真开心"之类的客套话做一个过渡，然后说你还有其他事。

——抱歉，我真的要走了，老板正在外面等我。

——我真要走了，几分钟后我还有约。

——刚刚小李和我发消息说在等我，抱歉了，我得马上追上他。

当然，这些都是别人暗示"和你聊得差不多，我要撤了"的暗示语。

称呼不简单

在曹禺先生的话剧《雷雨》里，蘩漪这个角色是伪君子周朴园的玩物和花瓶。而周家大少爷周萍和姨太太蘩漪两人的关系是新旧过渡时期带有畸形色彩的。

蘩漪是个"母亲不像母亲，情妇不像情妇"的角色。在剧中，其继子周萍开始对其直呼其名，后来又改叫她

"母亲"。直呼其名,是情人的权利范围;而当他另有新欢时,便改用"母亲"。

周萍的这一称呼,将后母繁漪与自己的权责范围厘清了,也拆散了二人原本亲密的畸形关系,其实就是在有意疏远繁漪。

很少有人去深入研究某个称呼究竟意味着什么,其实,每一个称呼都有一套权利和义务的范畴。

被称为"老师"的人,有义务为学生答疑解惑,同时也有权利规训学生。当你叫他"老师"时,你便赋予了他这些权利和义务,或者说你表达了这样的期望,同时你也扮演了这个权利与义务的角色。

称呼语最能体现人类细腻的感情,对某人称呼的细微改变,往往意味着对他感情与态度的转变。

那些从逻辑上讲不应在交际双方之间使用的称呼语,有时反而是搭建这座桥梁的首选材料。当今一些恋人会以"小猪""小狗"甚至"老鼠"称呼对方,被叫者不但不会感觉被侮辱,反而认为分外亲切。

称呼语也是生活的一味调味剂。一帮要好的朋友,相互指名道姓,甚至叫对方昵称、绰号也都合情理,而在家庭聚会时,彼此大叫"李总,请上座","王总,请喝酒"时,一种调侃幽默的意味就弥散在这些情理之外的称呼语中了。

客观上讲,交际双方都存在与其身份相配的称呼语,比如学生应该称教师为"老师",经理称秘书王琴为"小王"。如果选用了比正常关系更近的称呼语,就会产生亲热或越界的反应。如学生称呼老师姓名,若老师乐于接受,则有一种亦师亦友的亲热感;若老师不接受,学生就可能会受到批评。

工作中如何称呼他人

人在职场,如果称呼得体,有助于迅速融入团队、顺利交往,也可避免很多尴尬。

两千多年前的孔子就说过:"不学礼,无以立。"意思是:做人要有礼貌,没有礼貌,就没有立身之本!在职场中,"不学礼,无以立"同样适用。下面讲几条前人总结出来的职场称呼技巧,新入职场的年轻人不可不知。

1. "老师"是普遍的称呼

"老师"这一称呼,已经跨越教育界,而进入各行各业。比如新闻出版界、演艺圈、美容美发行业等都开始广泛使用。新人入职,首先应该对自己所在部门的所有同事有一个大致了解,如果是职位明确的人,可以直接称呼他们"张经理""王经理"等,对于其他同事,在不知道如何称呼之前，不妨一律称为"老师"。"三人行，必有我师"，叫声老师总没错。特别是文艺界、演艺界，对方很欢迎这种简单而尊重的称呼。

2. 偶尔可以抬高对方的身份

有一个常用的技巧是，选择一个比对方实际地位稍高的称呼语，用这种方式抬高听话人的身份。医院里，病人小心翼翼地把护士们叫成"大夫"；扎破了胎的骑车人长一声短一声地叫修车匠"老板"……都是这一技巧的体现。这种称呼方法所表达的实质内容是说话人的心意——我从内心深处尊敬你。这种方法能够奏效的根本原因在于：人们都希望得到对方的认可和尊重。

职场中也可以效仿此法——适时地想方设法"高呼"自己的同事或上司。如明明是张副教授，你喊他"张教授"，他听起来就顺耳多了；称普通职员为"主管"，称经理为"老总"，称副主任为"主任"，通过这种高半档的称呼，暗示出他在你心目中的地位，让他从你这里感受到超越一般的尊重。当然，使用这种方法的时机要留意好，别在老总面前称呼经理为"某某总"，那反而显得尴尬了。

无论称呼如何千差万别，"尊重他人"是最基本的原则。尤其是当你希望从别人那里得到某些帮助或积极回应时，选择的称呼要特别恰当、尊重。

要注意物极必反，轿子亦不可抬得太高，太高了，坐轿人也会因为不自在而心生反感。如不要故意把医院里正在扫地的清洁工叫作"医生",也不要冲着满面皱纹的女士喊"小姐姐",尊重要发自内心,更要适可而止。

3. 能简则简,但要注意场合

缩略称呼语,适用于相互熟悉的人群。比如,"李总"是比"李总经理"更亲切的称呼。有一项调查显示,大多数人希望叫全名或后面两个字就很好,约占66%;认为叫英文名字最省事的比例是17%。虽然同事之间希望直接叫名字的比例最高,但一旦涉及上下级关系,领导的职务似乎比名字显得更重要,84%的职场人士对领导的称呼都带有职务。

然而,在公共场合或有客户在场时,不要称呼同事的外号,也不要使用一些过于随意的称呼,比如"张大姐""李哥"这样的简称。看看这位先生的教训吧——

有一次,我去向主管领导汇报工作,我的主管领导很年轻,但平时我们都亲热地称呼他"老李",他也很喜欢这个称呼。我敲门进去后,发现沙发上坐了一个人,我没在意,因为那个人坐在沙发上,衣着朴素,我进去时他的表情淡然,看上去像是来拜访客户的供应商。我就直接对领导说:"老李,我终于把简报写完了,你看看吧。"我说完后就发现领导的脸色不对,我不明所以。领导清了清嗓子说:"亚飞,这是咱们公司新来的黄总。"我当时恨不得有个地缝钻进去。不看场合、看不清对象，使得我一张嘴就犯了礼仪大忌。

聪明的人，在脑海里一定装着无数个称谓，即便对同一个人，也有一大把称呼，在不同的场合，会拿出不同的叫法来。因此，这些人常常在人际交往中游刃有余。

第二章 弗洛伊德式『读心术』

能否窥透一个人的内心？

答案是肯定的。仔细观察其言语、表情、行为、肢体语言等就可以推测出对方的想法。

潜意识这个心理学概念，是弗洛伊德最重要的发现之一，也是古典精神分析学最核心的概念。潜意识又叫"无意识"，是相对于意识而言，个体难以觉察到的心理活动。

口误与暗示语

心理学家西格蒙德·弗洛伊德是精神分析学派的鼻祖，他有一句名言广为人知："所有的口误都是潜意识的真实的流露。"

弗洛伊德在其著作《日常生活的精神分析》一书中提到过这样一则经典案例：一天晚上，他和弗林克医生在散步时，碰到了已有三年没见的 R 博士。三个不期而遇的人便到咖啡馆叙旧，寒暄了几句过后，R 博士问起了弗洛伊德孩子的情况。于是，弗洛伊德也很自然地询问突然关心起家庭生活的 R 博士是否也已经成家了。出乎他的意料，R 博士在冰冷的否定回答后还特意加了一句："我这样的人怎么会结婚呢。"之后便将话题转到了学术探讨方面。

R 博士说他认识的一个护士朋友遇到了一些问题，想听听弗洛伊德对于此事的看法。他向弗洛伊德诉说道："这个护士卷入了一起离婚案，有个女人在控告自己的丈夫时指控这个护士是第三者，后来他得到了离婚许可证。"由于 R 博士把"她"这个单词说成了"他"，弗洛伊德不得不补了一句："你是想说她得到了离婚许可证吧？"

"哦，对，当然是她得到了离婚许可证。"R 博士马上纠正道。

出于职业的敏感，弗洛伊德便问起 R 博士为什么会说走嘴，但得到的却是不胜惊异的回答——"说走嘴的事是人人都有的，有什么值得大惊小怪？"接着，R 博士便谈到这件事情导致那位护士的情绪失常以至于最后变得有点精神异常等情况，他询问弗洛伊德有什么办法可以帮助他的这位护士朋友恢复正常。

弗洛伊德打趣道："要不是你说你没结过婚，我还以为你是那个女人的丈夫呢。" R 博士断然否定了弗洛伊德的推测，过了不多久，便以要去赴约为理由离开了咖啡馆。

弗洛伊德坚持认为，如果 R 博士已婚了，那么他很可能就是那个案例中的丈夫，因为他的口误正好说明了他希望自己得到离婚许可而不是他妻子，从而他可以再次结婚，而且不必付给妻子赔偿费。于是，弗洛伊德在几天后拜访了 R 博士的一个邻居兼老朋友，从那里得到了真实的情况：几个星期前 R 博士和妻子开始办理离婚手续，麻烦的是一位护士被指控为第三者。

R 博士的太太申请的离婚案几个星期前刚刚生效，案件里确实有一位护士被指认为第三者。几周后，弗洛伊德又碰到 R 博士，这次他对弗洛伊德的分析已是口服心服了。

语言就像一座冰山

曹操与刘备对垒于汉中,两军相持不下。曹操见连日阵雨,粮草将尽,又无法取胜,心正烦恼。这时士兵来问晚间的口令,曹操正呆呆地看着碗内鸡肋思考进退之计,便随口答道:"鸡肋!"当"鸡肋"这个口令传到主簿杨修那里,杨修让兵士们收拾行装准备撤兵。

兵问其故。杨修说:"鸡肋鸡肋,食之无肉,弃之有味,今丞相进不能胜,恐人耻笑,明日必令退兵。"于是大家都相信了。曹操的一句"鸡肋",撤军的心思还仅仅是潜意识,杨修却立刻分析出曹操潜意识背后的必然性,比当事人还能看透自己,这种功力太可怕。这件事被曹操知道了,曹操忌惮杨修能洞察自己的内心,便以蛊惑军心之名砍了杨修的头。这便是关于鸡肋的典故。古人云"言为心声,语为心境","观其言而知其行"。

心理学家常用"冰山"来比喻意识和潜意识的关系:我们的意识成分好比海平面上露出的冰山一角,只占整个冰山的 20%,其余部分都以潜意识的方式存在。潜意识里有根源于心理深处的欲望、动机、信念与想法。

美国语言心理学家 C. E. 奥斯古德认为:语言就像一座冰山。语言符号中显而易见的东西就像露出水面的冰山的一小部分,其他大部分往往是隐含的。

俗话说："人有失手，马有乱蹄。"生活中，人人都会有出"纰漏"的时刻。很多时候，我们也只当作一种正常现象，一笑置之，抛诸脑后。但是，在心理学家眼里，诸如口误、笔误、看错、听错、忽然的遗忘、丢失物品等"纰漏"行为，却是来自我们潜意识深处的信使。

很多时候，潜意识往往会以变化的形式表现出来，比如梦境、神经症或失误，当然也包括我们的日常口误。人们在日常谈话中，也会通过一些有意无意的"暗示语"，折射出人们内心的真实想法。

弗洛伊德解释说："比如，我说错了一个词，我可以用很多种方式来说错它，我可以用一千多个其他错误词汇来代替那个对的。然而，在诸多可能的错误中，偏偏发生了这个特殊的错误，究竟是有没有原因的？"

口乃心之门户，无意识状态说出的话往往表达出最真实的想法。口误的内容往往是一个人内心深处的真实想法的反映和写照，是揭示一个人内心活动的最直接方式。

弗洛伊德曾与两位女性结伴出游，由于天气炎热，一位女士抱怨道；"旅行真不是一件快乐的事情，我们已经在这样炎热的天气下足足行进了一整天。我感觉我的外套和内衣都被汗水浸透了……"接着，她又说了一句让人喷饭的话："不过还好，到了内裤马上就可以换衣服了。"

其实，这位女士本来想说的是"到了酒店马上就可以换衣服了"，结果却不小心说成了与酒店发音相近的"内裤"（德语）。这是因为她本来想表达的是，自己的外套、内衣和内裤都已经湿透了。由于受到弗洛伊德是男性的条件制约，极为隐私的"内裤"一词不得不被省略。但是她刚刚一不留神，还是道出了自己的本意。

由于弗洛伊德是最早着手研究这类现象的人，所以心理学家把这种失误称为弗洛伊德式纰漏（Freudian slip）。

"深藏不露"的潜意识并不老实，它有着强烈的表现欲望，一旦人的意识稍不注意，潜意识就会以口误、梦等方式出来表演。由于潜意识中的愿望、冲突、对于"什么是正确的行为"的信念，导致语言、记忆或行动中出现的纰漏，这个纰漏的出现打断了原本该出现的语言、记忆、行为。

也就是说，口误作为一种语言表达上的差错正是人们潜意识中的愿望战胜了无法公开表达这种愿望之后的表现。

语言风格会出卖一个人的内心

语言是一个人精神风貌的体现，那些常常挂在人们嘴边的俚语、俗语、敬语、粗话、口头禅等所属的语言风格，更能说明一个人的气质和修养。这其中以口头禅出现频次最高。所谓口头禅，原指禅宗常用语，现在指人们说话时高频使用的某些词语。口头禅在某种程度上可以折射说话人的个性特点，比如，喜欢把粗话当作口头禅的人会显得有些愤世嫉俗。

很多心理学家认为，语言风格是人们的一种下意识的表现，它是人内心中对事物的一种看法，是外界的信息经过内心加工，形成的一种固化的语言反应模式。当出现类似的场景时，话语就会脱口而出。通过语言风格可以一窥一个人的性格与经历。那些常见语言风格究竟有什么深层次的含义呢？

经常说"应该""听说""据说""听人讲"等的人，往往善于给自己留余地，比较谨慎。

喜欢说"但是""不过"的人，喜欢辩解，往往会在内心中为保护自己设置一道堡垒。如果这种人负责处理公共关系，则显得比较委婉和圆滑。

喜欢说"可能""或许""大概是吧"的人大多自我防卫意识较强，不轻易透露内心想法。

喜欢把"所以说"挂在嘴边的人最大的特点是自恃聪明，自以为是。

喜欢说"对啊"的人自我意识不强烈，也就是俗称的"顺毛驴"，喜欢迎合别人，所以人际关系比较好。

经常连续使用"果然"的人自以为是，有强烈的以自我为中心的倾向。

经常使用"其实"的人有强烈的自我表现欲望，并且多少还有点自负。

经常使用"最后怎么样怎么样"句式的人，多半是潜在的欲望没有得到满足。经常使用"真的"的人，多缺乏自信。

经常使用"你应该……""你不能……""你必须……"等的人，很专制、固执、骄横，有强烈的领导欲望。

经常使用"我个人的想法是……""是不是……""能不能……"的人，善于换位思考，做事比较圆融。

喜欢说"我……不行"的人，这种人表面上很谦虚，其实很无能。

喜欢说"随便"的人，比较随和，但也代表着缺少主见。

喜欢说"绝对"的人，往往比较主观，常常以自我为中心，比较缺乏同理心。

喜欢说"我只告诉你"的人，通常已经把这件事告诉了很多人，把"我只告诉你"作为口头语的人往往不成熟，难以守住秘密。

最诚实的身体部位

你知道人体的哪个部位最诚实吗？

身体语言是最诚实的，而不是面部表情，因为人是非常善于伪装的。试图探寻一个人真正的想法时，脚部和腿部是首选部位。

行为学家在研究中发现了一个十分有趣的现象：人体中越是远离大脑的部位，其表现就越诚实。

脸离大脑中枢最近，因而并不太可靠。腿和脚远离大脑，绝大多数人都忘记顾及这个部位，可是，它却比脸、手诚实得多。为什么腿和脚能够如此精确地反映我们的所思所想呢？

我们在与他人相处时，总是最先注意他们的脸，而且我们知道，别人也会这样注意我们。所以，为了隐藏自己的真实想法，我们常常借表情来掩饰。所谓"有城府"，不过是根据不同场合的需要表现不同的表情，或者喜怒不形于色。作为一种社交需要，这当然无可厚非。如此一来，我们用脸掩饰自己的能力也变得越来越强。

所以，人的下肢是最诚实的身体部位。有一个著名的案例，讲的是第二次世界大战期间，德国的谍报人员活跃在美国本土。美国的谍报系统找来了FBI的行为心理学家，协助识别德国的间谍。

在某个酒会上，FBI特工只要看到有人坐在椅子上且两腿交叉成"4"字，就礼貌地上前主动与其闲聊。如果他们稍有回避或回应欠自然，基本就可以判定他们是德国间谍，随后请他们到一个"安静"的地方继续"喝咖啡"。

仅凭这一招，一晚上就准确无误地抓获了24名德国间谍。

原来，两腿交叉成"4"字是典型的德国人腿部姿势。在当时的具体场合，不自觉使用这种姿势的人，很可能曾经长期生活在德国。

和交叉的双臂一样，交叉的双腿也显示了负面或防卫的态度。

双臂交叉在胸前是为了保护心脏、胸部等上半身重要部位，而交叉双腿则是为了保护下半身的重要部位。双臂交叉比双腿交叉表露出更强烈的防卫态度，而且也比较明显。

两腿交叉的体态，本身包含了两种矛盾的心态：一种是紧张、恐惧；另一种是想凭借其放松、舒缓。在这种场合，有一定心理负担的人才会不自觉地流露出这种特定的体态。

当然，考虑到流行服饰带给人们的习惯动作是很有必要的。女士夏天穿迷你裙，坐着时交叠双腿当然是有明显理由的，久而久之，就会形成习惯。并且，坐着时扣着脚踝或交叠起双腿是一种感觉舒服的习惯，并不完全代表负面的态度。

避而不谈的话题，往往大有深意

心理学家认为，人们避而不谈的话题，往往大有深意。

愉快的谈话中，难免会出现"跑题"的状况。不过有时候，这种"跑题"并非谈话过程中的自然产物，而是其中一方试图改变话题的有意行为。这种情况值得留意：他避而不谈的话题，可能大有深意。

如果某人对自己的异常行为不解释也不否认，而他平常又非常健谈，那么就更可疑了。为了避免误解，可以再问他一次，如果他还是不解释、不否认，那么这件事就值得深思了。

比如，有一位女子的老公昨晚玩到特别晚才回家，她问老公："你昨晚玩得开心吗？"如果老公平常很健谈，他会主动谈论晚间活动的细节，但这次他移开目光，简单地回答："还行。"那就有点不正常了，因为他不愿多谈昨晚发生了什么。

一个很喜欢说"我"的人，和极力避免说"我"的人有什么不同？

喜欢说"我"的人，往往喜欢以自我为中心，有着较强的自我表现欲。在言语中高频出现"我要……""我想……""我不知道……"的人，往往思想比较单纯，爱意气用事，情绪也不是很稳定。而极力避免说"我"的人，往往城府较深，喜欢刻意掩饰关于自己的一些信息。

心理学家认为，"人们在说谎时会自然地感到不舒服，他们会本能地把自己从他们所说的谎言中剔除出去"。为了竭力使自己同谎言保持一定的距离，说谎者会在叙述他们的故事时下意识地避免使用第一人称"我"这个代词。

所以，如果你向某人提问时，他们总是反复地省略"我"，那么他所讲的话的可信度就不高。比如，要交接班了，你的同事打来电话说，他无法及时赶到，你得再坚持一阵子，理由是"塞车了"。这是谎言吗？很可能是。不过如果他这样说："我被堵在××路了，前面好像有事故，都快半小时了，我的车还没动。"那属于谎言的可能性就非常小了。

解释就是掩饰

忽略细节或过度诉说细节,都可能是在撒谎。撒谎者在描述一件事的时候,往往会大而化之,简而言之,语言苍白空洞。

然而,还有一些撒谎者最怕的就是听者不相信自己的话,为了增强可信性,他们会添油加醋,刻意将事情的一些细节描述得有鼻子有眼。殊不知,这种自作聪明的做法,往往是最容易露马脚的地方。

比如,在一个反腐题材的电视剧中曾有这样的情节,在气氛紧张的谈话室,调查人员向当事人提出了一连串的问题后,突然问:"2019年的11月3日你去了哪里?"

11月3日只是一个普通日子,假如你是一个诚实的人,正常的反应往往是略加停顿,用心回忆;或者直言相告,记不起来了,已经忘记了。

但是,这位当事人不假思索地回答:"我在家,哪儿也没去。我那天在家看电视剧,一直看到很晚。"

调查人员又问:"你消失的那24小时去了哪里?"

对方用颤音回答:"我在……在家做饭。"

调查人员又问:"你们单位的纪检部门有没有找你谈话?"

这位基层干部回答:"纪检部门?没,从来没有过!"

有些撒谎者为了掩饰事实,会夸夸其谈,自以为高明地编造一些细节。当说到并不是那么重要的信息时,他们似乎都具备了超乎寻常的记忆力,而且通常都会"想起"哪怕是最细枝末节的事情。

显然这位当事人在撒谎。问他消失的那24小时干什么了,他说在做饭。难道这24小时除了做饭,就没有其他有印象的事情发生?"解释就是掩饰"这句话是有一定道理的。很多撒谎者喜欢用强调细节的方法掩饰自己的所作所为,却经常把情形"越描越黑"。

当然,诚实的人肯定能够比说谎者提供更多真实细节,但是这些细节应该是跟话题密切相关的,而不是无法证实、无关痛痒、离题万里的细节。

如果一个人的话中混入了过多内容空洞、毫无价值的细节信息,则是在制造貌似诚实的假象,这意味着欺骗。

对绝大多数人来说,要想记住一个时间段的所有细节是不可能的。通常，人们在回忆某个时间段的各种细节时，有时会不断反复，再逐步理顺思路。这个过程中，他们难免会复述得不太顺利，偶尔中断。但是说谎者在陈述时不会犯这样的错误，因为他们已经在头脑中把一切假定情景都想好了，面对询问，在已经打好的腹稿中会特别刻意描述几个细节，以加强可信性。不过，这恰恰暴露了他们。

第三章
用第三只耳朵倾听

奥地利精神分析师狄奥多·芮克是弗洛伊德的嫡传弟子。他在1948年出版的《用第三只耳倾听》一书中指出，倾听是记下潜意识中冒出的感受，"观察并记录成百上千个小线索，对它们引起的细微效果保持觉察"。对狄奥多·芮克而言，意识到自己的第一反应和直觉，就像用第三只耳朵倾听。

坊间流传许多关于如何倾听的简单技巧，其中多半来自商业顾问和经理人教练，标榜的概念大同小异，大多是"新瓶装旧酒"，或换了更炫的说法。诸如，眼神接触、点头、不时发出"嗯嗯"的附和声。基本原则也从未改变，那就是：避免打断对方说话，等对方说完，要重复或换句话说对方刚才讲的话，让他们确认你说的没错或纠正你的说法。接下来，你才可以开始说自己想说的话。

其实，倾听最需要的莫过于好奇心。为什么小孩子会有永远问不完的问题？因为小孩子有一颗好奇之心。

倾听就是对他人感兴趣，最后会让双方的对话更加有趣，最终目标则是在结束对话时觉得有所得。

"耳才"是比口才更难的修炼

国外有句谚语说:"与其滔滔不绝,让对方确信自己是个傻瓜,还不如把嘴紧闭,让他们觉得你是个傻瓜。"

中国有句俗话说:"言多必失。"它的意思是,如果一个人总是滔滔不绝地讲话,说得多了,自然就会暴露出许多问题。说多了,人家会不高兴,说错了还会伤了别人。说得越多,说出蠢话或危险的话的概率就越大。

曾有一位刚刚进入英国外交界的外交官,带着他的太太出去应酬,他的太太来自乡下,在那些场合总是感到非常难受。面对满屋子曾在世界各地住过、口才奇佳的人,她拼命找话题讲话,不想只听别人说话。

后来有一天,她向一位平时很沉默,但深受欢迎的资深外交家吐露了自己的问题。这位外交官告诉她:"每个人说话都要有人听,相信我,善于倾听的人在宴会中同样受欢迎,而且难能可贵,就好像撒哈拉沙漠中的甘泉一样。"

会写的不如会看的,会说的不如会听的。拥有良好口才的人,必须同时拥有良好的"耳才",真正会说话的人,必然是善于倾听之人。

古人常说:"听君一席话,胜读十年书。"

一位名人说:"学会了如何倾听,你甚至能从谈吐笨拙的人那里得到收益。"

良好的谈吐有一半要依赖倾听——不仅是用耳朵,还包括所有感官;不仅是用大脑,还要运用你的心灵。

倾听往往和说话同样重要,不善倾听的结果也会同样糟糕。当谈话乏味沉闷时,你常常会精力分散,漏掉关键的字句,以致误会对方的意思,甚至主观地判断对方的观点,而全然不管那个观点可能根本不是那么回事。

当别人说话的时候,你是不是双眼呆滞,闷闷不乐,脸上一副冷淡、烦躁的样子?是不是一心等着说话的人喘口气,好让自己插嘴说上几句?你是不是表现出一种消极否定的态度——因为自己想上去讲,所以就对说话的人做出失望、消沉、反抗、攻击的样子?如果是这样,那么当轮到你说话时,无论你把自己表现得多么出色,你仍然算不上一个善于谈吐的人。

在一位教授的语言课上,有一节课程是让学生们轮流演讲,然后由其他学生作出评定分析。有一次,教授发现所有的演讲者都把视线从坐在前排的一个年轻人身上移开。

这使教授感到奇怪。轮到教授上去做总结时,留心看了看那个年轻人,他面孔冷漠而无神,目光死盯着天花板。课后,教授把他带到一边,对他说:"你本是很有魅力的人,只要你多表现出一些赞许关注的态度,就能大大提高演讲者的兴致,而你为什么不理睬他们呢?"

他很吃惊地说:"我绝不是这样!"他争辩道:"我一直在专注地听啊,没有看他们,是因为我怕看着他们会使他们分心,而不能集中精力讲话。我一直在心里思考,这个说法准确吗?那个说法是不是太夸张了?这样的理论能否经得起考验?总之,我确实是在认真地听呢!"

教授告诉他:"也许你确实如此,但这不是聚精会神。如果你根本不看讲话的人,那么对于他来说,你就像是戴上耳塞或手捂着耳朵一样。难道你希望自己讲话时,别人也是如此吗?"

由此看来,不仅要善于聆听,而且要学会聆听的方式。

沟通不是脱口秀

高质量的沟通离不开倾听,倾听的重要性绝对不逊于表达。因为缺乏倾听而引发争论,让友谊破碎,甚至倾家荡产的例子时有发生。

在深夜脱口秀节目中，我们常看到主持人滔滔不绝或搞笑损人，很少倾听来宾想说什么或鼓励来宾深入谈论某个话题，因而话题往往比较浅显。

电视和电影上的对话多半像在说教，不然就是长篇大论，而非在倾听之下有来有往、无限延伸的轻松对话。

不少电视清谈节目的嘉宾虽然颇为活跃，其实很多人都深感寂寞且郁郁寡欢。美国作家桃乐丝·帕克就是电视清谈节目的常客，然而，帕克曾经自杀过三次。

桃乐丝·帕克晚年自省时曾说："那不过是一堆人聚在一起说笑互捧，一群大嘴巴在卖弄口舌，每天存一些笑料以备哪天用来耍宝……全都是胡说八道。既然是在耍嘴皮子，就没必要说真话。"

而戏剧评论家亚历山大·伍尔考特也很矛盾，一方面他经常作为嘉宾上这类节目，另一方面他很不喜欢这类节目。在伍尔考特心脏病发过世之前，甚至说："我从来就无话可说。"

这是因为，上清谈类节目的很多嘉宾本来就不是彼此倾听的群体。他们聚在一起不是为了互相交流，而是"语不惊人死不休"，在露脸时刻抛出震撼性话语。这种对话，虽然很"炫"，却没有真正"走心"的沟通。

1. 保持对话敏感度

美国费城 WHYY 电台有一档王牌节目《清新空气》

（Fresh Air），这档节目之所以大受欢迎，就是因为这档节目主持人特别强调"用第三只耳朵倾听"。

比如，《清新空气》主持人特里·格罗斯要访问一位名人，节目组会组织三个人来倾听受访者。

《清新空气》的制作团队共有八人，很多人之前都没有太多做广播的经验，甚至全无相关经验。

但是，该栏目遴选制作人的首要条件是"耳才"好，意思是拥有过人的倾听能力，能听出对话的真正内涵，心理学家称之为对话敏感度。

有对话敏感度的人不只会留意说出口的话，言外之意和细微的语调变化也逃不过他们的耳朵。他们擅长捕捉微妙的细节，很快就能识破对方是装模作样，还是真情流露。

他们比较容易记住别人说过的话并享受对话，至少感到有兴趣。一般认为，先有对话敏感度，才能产生同理心。若在与他人对话时能经常共感、共情、换位思考的话，反过来也能增进自身的对话敏感度。

2. 耳才 = 开放心态 + 对话敏感度

所谓的耳才，就是开放的心态，再加上对话敏感度；而对话敏感度，又跟认知复杂度有关；认知复杂度又和各种阅历、经验相关。

要想察觉对话中的微妙线索，一定要先积累许多倾听的经验。所谓的后天直觉（第六感），不过就是一种辨识微妙线索的能力。

听越多的人说话，你就越能辨识出更多人的倾向，直觉也会越准。

要练就这种技能，必须接触各式各样的看法、态度、信念和感受。《清新空气》的制作团队就符合这个条件，其成员来自各行各业，包括服务生、电影导演，还有民俗研究者。

在节目的剪辑环节，节目组会先统一确认访谈的主题。然后，不同的倾听者之间，会交换笔记。三位倾听者的年龄不同，所处的人生阶段不同，节目组会融合不同的观点。

他们对于该如何剪辑这段访谈，会进行深入的讨论。诸如——

那句引言可以短一点吗？

这句话他说了两次！

那个部分让我很意外！

那个重要吗？

学说话需要三年，学闭嘴需要一生

在日本，很多需要进行售后服务的大企业，都配有平息顾客愤怒的专员。这些人大多数是中年人——性格忠厚和善，且能静心聆听顾客的怨言。

一些愤愤不平的顾客，往往一见面就大吵大闹，情绪激动。应付这种顾客，需要很高的修养。

然而，人类是一种古怪的动物，无论生多大的气，一旦尽情发泄之后，多半会自消自解。

这是因为，人将不满全部发泄之后，会产生问题似乎已基本解决的错觉。如果让人把心里话全倒出来，尽情发泄自己的不满，其心情自然趋向平静，怨恨至少也能平息大半，即使问题并没有解决。

曾有一家通信公司的经理，向专家请教有关客服人员与客户冲突的解决办法，说他们那里时有与客户争吵的事情发生，问专家麻烦究竟出在什么地方？

经仔细调查，专家发现争吵的根本原因在于服务员对客户的抱怨应对欠佳。

例如，有客户认为某月的电话费高得不合理，就来查询详细情况，服务员却这样回答："我们的一切收费都是经过电脑处理的，绝不会错。也许您家小孩趁您不在，常打长途电话吧！"这种把责任全部推给对方的答复，无异于火上浇油，只能使客户更为恼怒，丝毫无助于问题的解决。

根据这种情况，专家建议客服人员以后凡遇到用户来反馈问题，最好先认真听他把问题讲完，然后说："好吧，我一定仔细地重新核实。"

等过了一段时间，再与对方商谈。这时，由于用户既已把自己想讲的话全部讲完,又过了一些日子,其火气已大半平息,所以能客观冷静地讨论问题的原因,这时事情就好办多了。实践证明,这个方法极为有效。

相反,遇到别人怒不可遏的情况,仍顽强"抵抗"、针锋相对,结果无疑是两败俱伤,不仅不能解决矛盾,反而会加剧双方的冲突。

善听人言者能自觉闪避对方的怨言且充耳不闻,此乃化解对方怒气的心理战术。

某大企业有位人事主管,对处理人事调动问题很有经验,即使是被降职使用的职员,他亦可以使其心情舒畅地接受调动。据他介绍,为做好降职人员的工作,应与之个别交谈,先给对方以时间,充分耐心地倾听对方的意见、想法,一直等到对方把心中的苦闷、牢骚全部倾吐,且已感到疲倦时,然后才说:"我非常理解您的苦衷……"

听人事主管这么一说,对方的情绪即可安定下来,然后继续对其说:"假如我站在您的角度看,我将认为这是一次机会,去小一点的营业所工作,其好处有两点,一是人际关系好处理;二是可充分发挥一个人的才干。而且,不少人就是在小营业所干出了名堂,最后被提拔起来的。"这样一来,使对方被贬职、受轻视之感荡然无存,高兴地接受了新的工作岗位。

这种劝诫方式,是协调人事关系的高明技巧。要说服一个人,绝不要长篇大论,而应将自己真实的想法按下不表，先聆听对方的意见，直到对方全部倒出心里话，发尽牢骚。

然后再以理解对方的姿态来劝诫、建议，要使对方感到你体谅他，确实在为他着想。最后，于不知不觉间，就让对方轻松地接受你的意见。

那些解决别人烦恼问题的专家们总是在细心听完烦恼者的倾诉后，再以"如果我处于您的位置""假如我是您……"一类的话作为开头语，进而才提出自己的忠告。这就使对方产生"他在真诚地帮助我"的感觉，即使眼下的意见事实上于己无助，也难以觉察。

三分说、七分听

通常，表现能力强的人，即使随口说出一句话，也能语惊四座，令人佩服得五体投地。如果彼此的言辞字字珠玑、逸趣横生，当然会产生一见如故、相见恨晚之感；假如彼此的谈话沟通乏味，谈的都是庸俗平淡的一般话题，即使再有第二次见面的机会，同样也不可能吐露真心话。要使自己的谈吐不俗，就必须先仔细聆听对方的谈话，然后才能针对他的话作适当反应。谈话时态度要轻松，开始的时候，自己尽量避免先讲话，让对方先发表意见，以表示尊敬。

如同采访一样,在谈话中引出一些能令对方深入谈论的话题,随时利用肯定的语调和手势表示赞同,营造融洽的气氛。若能够适时插几句表示同意的话,更可以发挥润滑的作用,使得谈话顺利地展开。

然而,究竟在什么时候插话?用什么话表示同意最恰当?都必须经过慎重的考虑,最好平时多参考别人是怎么做的,以便自己借鉴。在日常谈话中,也需经常练习,到了正式场合才能运用自如。

其实,要表现自己的讲话特色并不困难,只需稍微用心一点,任何人都能轻易地做到:可配合对方所流露出的喜怒哀乐的情绪,做适当的反应;他高兴地讲话时,你也跟着兴高采烈;当他情绪低落时,你也不妨应声叹气。总之,一定要随时附和对方谈话的情绪,使谈话的气氛保持和谐。

当你这样做的时候,讲话的人就会因为你理解了他的情绪、赞同他的见解,而对这种谈话的气氛感到满足,如此一来,就会有第二次、第三次,以至于连续不断的沟通了。在聆听对方讲话的同时,可以随时插话作出反应、表达自己的感受,并鼓励对方发表意见,但要注意的是,必须等到对方讲话告一段落时才能插话。反应快的人听了对方的谈话后,可以在脑中先经过一番整理,然后再一一作答。

轮到自己发表意见的时候，要选用对方听得懂的语言，不管言论的长与短，都要考虑承前启后或转移话题的安排，并且要简洁有力。如果只听对方的话而不发表意见，就不能称为对话，当然也无法达到相互交流的目的了。

总结一下，要想打开人际关系，秘诀就是"三分说、七分听"。接话要漂亮，聆听是前提。

一位合格的倾听者，该如何接话

史蒂芬·柯维在《与成功有约》一书中写道："从小到大，我们接受的教育多偏向读写的训练，说也占其中一部分，可是从来没有人教导我们如何去听。然而听懂别人说话，尤其是从对方的立场去倾听，实非易事。"的确，听别人讲话是一门艺术，与言者相比，听者在交谈中处于相对被动的地位，全神贯注地认真倾听是其首要任务。

拉里·金是美国著名的主持人，《时代》杂志曾刊登过这样一段话："拉里·金善于倾听来宾的讲话。他能注意到来宾说了些什么，而其他主持人很少能做到像他那样。"

拉里·金本人也承认自己成功的窍门是真心诚意地倾听。

当拉里·金在节目里采访来宾时，他会事先记录所要提出的问题，然后依照事先拟好的问题依序发问。不过拉里·金还经常会随着来宾所回答的内容，提出原先不曾想到的问题，有时，这个不曾预设的问题往往会引来意料之外的答案。

一个倾听能手在倾听过程中如何接话，才有助于达到最佳倾听效果呢？

在说话时，别人最怕对方是一个沉闷而毫无反应的人，所以你对别人的谈话要随时做出反应。有时点头，有时微笑，有时说"是的，我也这样觉得"，有时说"这一点，我不大同意"，有时说"据我所知，这件事是这样的"，有时可说"你说的这一点，对我很有用处"。听了别人的妙语警句，不妨高兴地表示赞赏。

著名的女性心理医生莱希曼曾经表示，在心理治疗的过程中，倾听病人谈话是极重要的一环。医生可以借此掌握病人的心理动态，双方产生"理解与共鸣"，成为诊治的第一个阶段。但是，在倾听的同时，绝不可像个木头人一般，任凭对方唠叨。否则，对方必定会兴趣索然，而产生不满。如果想提高对方谈话的兴致，使其主动开启心扉，就必须传送出"我正在洗耳恭听"的讯号，以点头表示同意，上身前倾做出关怀状，表情亲切，微笑着安慰对方……同时，要注意用诚挚的语气说话。

比如说"嗯！是的""我非常了解你的感受……""你的意见很宝贵"，等等，这样将使对方产生受重视的喜悦。

交谈中的言语反馈主要有以下几种方式。

第一，当对方在同你谈论一件事，因顾虑你可能对此并不感兴趣，而显露出犹豫、为难的神情的时候，你可以说出一两句安慰或鼓励的话，比如"你能谈谈那件事吗？我不是很清楚""请你继续说""我对这件事也很有兴趣"，等等，以示鼓励。

此时，你的插话只是一种催化剂，为了表明一个意图：我对你的话题感兴趣，很愿意听你说这件事，不论你说得怎样。这种接话，能消除对方的犹豫，鼓励他继续把话说出来。

第二，当对方由于心烦、愤怒等原因在叙述中情绪失控时，你也可插一两句话来进行情绪的疏导："你一定感到气愤。""你好像有些烦。""你心里一定很难受吧！"这种接话方式，具有一定的引导作用，这样接话的目的，就是把对方藏在心底的情绪"诱导"出来，对方可能会借此机会发泄一番，甚至或哭或骂都不足为奇。当对方发泄一番后，会感到轻松、解脱，从而能够从容地继续交流并完成对问题的叙述。

第三，当对方在叙述时透露出想让你理解他所讲的内容时，你可以用一两句概括性的语言来接话，让对方确认你已经理解了他所说的意思。诸如"你是说……""你想说的是这个意思吧……""你的意见是……"，等等。这样接话，既能让对方感到你倾听的诚意，又能让对方帮助你纠正理解中的偏差。

第四，表示特别留意或关心某件事、某个细节或某种观点，可用简短提问的方式进行反馈。如用"你刚才讲的这件事是在什么情况下发生的""你对这件事的看法是什么""对于这个问题，你的看法是对的"之类的问题或话语，则是鼓励表达者继续深谈下去。

值得注意的是，接话不等于插话，打断别人说话是很失礼的行为。

假如一个人正在津津有味地谈论着一件事时，你突然插上一句话，强行改变话题。这种插话肯定是失礼的，被你打断说话的那个人，肯定会认为你鲁莽冒失，让交谈大煞风景。所以，对话时候请记住——

不要抢着替别人说话。
当别人讲一个故事时，不要帮着"剧透"。
不要用无关话题打断别人的谈话。
不要用无意义的评论干扰别人的谈话。
不要纠缠于鸡毛蒜皮的小事而打断别人的正题。

总而言之，一句话：不要轻易插嘴。只有一种情况例外，就是那个人说话的时间明显的拖沓冗长、不着边际、没有"营养"，甚至引人反感了。他所说的话只会越来越令人讨厌，他已经引起大家的厌恶。这时，你如果能巧妙打断他的话，大家会觉得你做了一件大快人心的事情。

在倾听时要适时做出积极的反应，以表明你倾听的诚意。美国著名的小说家亨利·詹姆斯回忆说："艾略特是个熟练的倾听艺术大师，他的倾听并不是沉默的，而是以各种动作和表情来倾听。他直挺挺地坐着，手放在膝上，除了拇指或急或缓地绕来绕去，没有其他的动作。他面对着对方，似乎是用眼睛和耳朵一起听对方说话。他专心地听着，并一边听一边用心地思考对方所说的话。最后，对方会觉得，自己已说明白了要讲的话。"所以，还有一件事需要注意，就是在倾听过程中，要有体态语言的反馈。

心理学家弗洛伊德认为：凡人皆无法隐藏私情，他的嘴可以保持缄默，但他的手却会"多嘴多舌"。这说明，表达者可以借助体态语言来传情达意，而接受者也可以利用体态语言作为反馈的一种方式。例如，在交际或协商中，听话者的反应若是边微笑边摇头，就是告诉对方，对于他讲的内容无法接受，微笑表情是一种润滑剂，表示委婉的拒绝，不使说者难堪。如果听话之后是瞪大眼睛、怒目而视，举起手指点着对方，甚至头部颤动，则是一种气愤已极的反应。

狄德罗说过："一个人的心灵的每一个活动都会表现在他的脸上，刻画得很清晰、很明显。"英国著名的温莎公爵所钟爱的那位夫人，其倾听的姿势对人有着强烈的吸引力。

这位夫人在倾听别人说话时，肘靠在桌面上，手支着面颊，眼睛全神贯注，耳朵也似乎沉醉了，好像恨不得把对方的每个字、每句话都听进去。那副样子像告诉对方："多告诉我一点……我正在听……那迷人极了。"这是一种富有魅力的倾听姿态，使对方得到了尊重，很自然地产生了好感，双方也就在融洽的气氛中加深了友好的情谊。

第四章
接话是一场传球游戏

莎士比亚剧中的独白的确精彩绝伦——演员可以在台上滔滔不绝地独自倾吐衷肠。然而，这在现实生活中却是行不通的。

一个独霸谈话、张口闭口都是"我"的人是很令人讨厌的。

沟通不是独角戏，也不是非要压倒对方而后快的锦标赛。沟通是一场你来我往的传球游戏，把话题说热，让话题继续下去，进而达到沟通的效果，这才是目的。

正如卡耐基在《如何赢取友谊与影响他人》一书中说："借由对他人感兴趣，在两个月内交到的朋友，会比两年内试图让人对你感兴趣而交到的朋友还多。"

不要独霸"话语权"

独霸谈话是对自己的放纵，这种人对于听众的叹息、迷惘、皱眉、否定，以及其他任何话题都无动于衷、不予理睬。然而，最可悲的是，他们这种自我陶醉往往是一种自恋。

谈话者必须像汽车司机一样随时注意"红绿灯"。对于他来说，一方面是听众愉快、专心、赞同的信号，另一方面则是厌恶、烦躁、否定的信号。如果他没有注意"红灯"，还继续接着往下说，终究会发现使他谈话失败的正是自己。也许听众张开嘴巴有时完全是因为听得兴奋，而并不是想插嘴打断你，即使如此，你还是不能忘记"红绿灯"，让别人先走一步，你自己并不会损失什么。如果听众真的被你的机敏与才智所吸引，他们会不断亮出"说下去"的信号。

有些爱开玩笑的人也是如此，尽管他们的玩笑并不精彩，可他们还是被一股奇特的冲动所驱使，总是想说笑话，其实这种人自己正是真正扼杀谈话效果的人。

王朔曾经这样检讨自己——

我其实是一个喜欢在口头上争一个上风的人，我不认为这是正常的。我看了一下自己录制的节目，觉得自己真是有痞气，我特别不喜欢自己的痞气。我也愿意有那种非常有条理的讲话，可是我从小碰到的环境中，你想好好讲话就没有这个机会，你要么就压倒他，要么就没你说话的机会。台湾的郝明义先生，是我的出版商，我跟他第一次接触的时候，那种老文人的平和气息，就给我一个特大的心理震撼。

许多人在设法博得别人的赞同时，总是自己先说一大堆话，尤其推销员更易犯这个毛病。

你可曾见过一些推销员，为了说服客户而滔滔不绝，不让客户有插话的机会？这样的推销员无疑是最失败的。

先让别人说出他自己的意见来，他对自己的问题，总比你明白得多。你肯定想一遇到不赞同的内容，就立刻插嘴，但我们不能那样做，因为那是错误的。在他自己心中还有一大堆意思急于要说出来的时候，他不会注意到你说的话。所以，应当耐心听他讲，心底要平静，态度须诚恳，鼓励他把自己的意见完全发表出来。

传出你"手中的球"

有时，你的谈话对象一开始就不与你呼应，那也许是因为他有些拘束，也许是他太冷漠，或者有些迟钝，或者你根本没有提及他感兴趣的话题。

在参加"派对"之前，如果能够从主人那里打听到一些邻座客人的情况，一定会对谈话有所帮助。不过，即使如此，也未必能确保对方一定会开口打破矜持的习惯。也许在用餐时，你不得不和一位高傲的律师同座，而你想方设法使他开口却没有办到，那你也不要灰心，接着再试一试。也许你提到特朗普"筑墙防止墨西哥人非法入境"，他可能无动于衷，但当你谈起电视台的调解类节目，也许他就很有兴趣。或许，你还可以提起保护环境及人口出生率下降等问题。如果上述一切努力全无效，你还有最后一着棋，假装放水杯时洒出一点水，让水溅到他的身上。要是这样还不能让他活跃起来，使他开口说话，那么你最好另选谈话的对象吧。

有位学者曾经这么说过："我对于世界的重要性是微乎其微的，但从另一方面来说，我对于我自己却是非常重要的，我必须和自己一起工作，一起娱乐，一起分担忧愁，一起享受快乐。"

这是完全正确的，人类总是以自我为中心。

如果你对这个最基本的人类本性已不再感到震惊，就会懂得如何调节自己去适应谈话了。坦率地说，和对方谈他感兴趣的话题，实际上对你自己也是有益的，尽管他的爱好和你的爱好可能不尽相同。你可以先满足他的自尊心，然后再满足你自己的自尊心。

这是一种自嘲吗？完全不是。

如果你能够谦恭、诚恳地对待你的亲人和朋友，想象着他们对于你有多么重要，你就会发现他们在你生活中的意义的确不容忽视。同时，你还会发现你自己对于他们也变得越来越重要了。我们大家都期望能得到别人的赞扬，而且还会因此更加追求上进。总有一天，你会欣喜地认识到这样一个事实：任何一个看上去有缺陷、不聪明或反复无常的人，其身上都存在着一些美好的东西。心理学家认为，精神病患者一旦开始对别人及其他自我之外的事物产生兴趣，就说明他已经进入康复阶段了。

如果说关注自我到了一定的程度就是疯狂的表现，那么可以说，没有一个人绝对正常。然而，弗洛伊德曾经给"心理正常"下过一个定义，那就是能够工作和爱他人。我们越是同他人交往——给予关爱而不是索取，那么我们就会越接近正常。除此之外，你还会有一个收益：你越关心别人，别人也就越关心你；你越尊重别人，你就越能够更多地感受到别人的尊重。

如果你能够真正对别人产生兴趣，这种兴趣会自然地溢于言表。你会和他分享甘苦，在他需要帮助的时候尽力去帮助他，你将发现别人教给你的东西要远远超过你能教给别人的。

所以，请不要犹豫，尽快传出你手中的球，还要注意传递的力道，让别人能够接得住，然后再传回来。你传递的技巧越好，这场游戏就越生动有趣。聊天本身是要对方了解自己并且增进感情，前提要开心，所以一切要显得随意、开心、不突然。聊天和游玩一样，开心才是最重要的。

没有人可以靠雄辩赢得人心

有人认为，自闭症其实是一种极端的男性大脑，最大的特点就是难以接收到语言或非语言沟通里的情感线索。

李先生长得眉清目秀，一看就知道是一个很聪明的人，实际上他还真是很聪明。他自小就非常好学，喜欢看书看报，对各种各样的知识，他无不发生浓厚的兴趣，名人演讲、音乐会、展览会，他都是必到、必听、必看。因此，他的头脑真可以算是一部小型的百科全书，天文、地理、历史、科学、政治、经济、文艺、美术，样样精通。这样一个博学聪明的人，本来应该是人人都敬爱的。

不过，他却有一个非常可厌的毛病，就是"雄辩症"。

无论别人说什么，他必定加以反驳，一直驳到别人哑口无言为止。他不利用丰富的知识去帮助别人，解决别人的难题，却用为难别人换来开心，拿别人的窘态来让自己开心。如果别人说某件事是好的，他就一定说是坏的，但如果别人说它是坏的，他就恰巧反过来，改口说它是好的。总之，他是为驳而驳，以驳倒人家来娱乐自己，炫耀自己的知识与才能。结果，有他在场，别人都不开口，让他一个人去自说自话。外表上，他是胜利了，"所向无敌"；实际上，他是孤独的，"为众所弃"。

在社交场合，无论你的知识多么丰富，也不要借此来压倒别人，使人难堪。在别人愿意听的时候，你可以把你所知道的讲出来，给别人做参考。同时，还要声明你所知道的是很有限的，如果有错误，希望大家不要客气，能够加以指正。

在听到自己不以为然的意见时，应不应该反驳呢？这要分几种情形来决定。

第一，如果在座的人，大家都很熟悉，而且喜欢经常在一起讨论问题，那就应该根据自己所知，把自己认为正确的道理和真实的情况照实讲出来，给大家作一个参考。否则就失掉了互相讨论的意义，而且也就犯了对朋友不忠的忌讳，被误会为"滑头"。不过，在态度上应该保持谦虚，不要因为自己知识丰富，就显示出自命不凡、自高自大的神气来。

第二，如果在座的人都是初次见面，你对他们的脾气、身世、性格、作风都不大清楚时，对于那些你不同意的意见就最好不要反驳，然而也不必随声附和，冒充知音。如果别人问到你时，你可以推说："这一点，我还没有好好想过。"或者说："某人的话，也有他的道理，不过各人看法不同，见仁见智，不能一概而论。"在比较陌生的场合，这不能称之为"滑头"。但如果自己明明不同意其意见，也点头肯定，甚至大加赞许，那才是真的"滑头"，虽然能够骗取那个发表意见的人一时的高兴，但却被那些冷眼旁观的人所不齿，失掉他们对你的信任。

第三，如果有人在大庭广众之下，发表荒谬至极的意见，或散布对大众有害的谣言，那就应该进行反驳。但是，在这种场合，就多少需要一点说话的技巧，一方面一针见血地揭露出对方的错误，另一方面又能够轻松幽默地争取大家的支持。切忌感情用事、表述不清，不但把气氛弄得太过紧张，而且也不能使别人明白你的意思。在这种时候，就需要考虑得十分周全。

第四，倘若自己熟悉的朋友在社交场合说了一些不得体的话，或是发表了很不正确的意见，那就要设法替他"解围"——想出一些表面上和他不冲突的话，实际上是在替他补充，让别人觉得他的意见并非完全错误，只是有点偏差，或是他的本意原非如此，只是措辞上有一点不妥。但事后，应当单独向他解释，指出他的错误。

总之，大家见了面，总不免要说话，也就不免会听到自己不同意、不满意的话，对这些话，要采取什么态度，应该根据当时情形，好好斟酌应对妙招。

从对方引以为傲之事谈起

每一个人都有几件自鸣得意的事情，这事情的本身，究竟有多大价值，是另一问题，而在他本人看来，却认为是一件值得终身纪念的事。

你如果能事先考察清楚，在有意无意之间，很自然地讲到他得意的事情，只要他对你没有厌恶的情绪，只要他目前没有其他不愉快的刺激，在情绪保持常态的时候，他一定会高兴地与你交流。

谈其得意之事必须掌握一个度：处处表示敬佩，但不要过分推崇，否则会引起他的疑心。对于这件事情的关键之处，能够特别指出，加以正反两方面的阐述，使得他认为你是他的知己。到了这种境地，他自会格外高兴，自会亲自讲述，此时你就要一面听，一面说几句表示赞赏的话。

如此一来，即使他是个冷漠的人，也会变得和蔼可亲，你再利用这个机会，稍稍暗示你的意思，作为试探，如果他点头微笑，你便做进一步的适当陈述；如果他的情绪发生转变，你的话便就此中止，留着这点好感，作为第二次沟通的起点。

这不是你的失败，而是你的初步成功，对于处世经验很丰富的人，得此成绩，已算不错。你若想一举而全功，除非对方与你素有交情，又是正逢高兴的时候，而且你的请求又是很容易令人接受的，否则千万不要存此奢望。

对方得意的事情要从哪里去探听？那当然要另谋途径，在你的朋友之中，是否有与对方交往较多的人，如果有，向他探听当然是最容易的。你如能留心报纸上的新闻或其他自媒体，平日记牢关于对方的得意事情，到时也便可以应用。此外，还要随时留心交际场中的谈话，在那些场合中，谈到对方的得意的事情，也很平常。

但是必须注意，对方得意的事情，是否曾遭受某种打击而消减，如有这种情形，千万不能再提起，引起对方之不快。因为对方在高兴的时候，你的请求，易于接受；在对方不高兴的时候，即便是很平常的请求，也会遭到拒绝。

比如，对方晚年得子，这是一件得意的事情，你去道贺，并提出某个请求，这是好机会；他最近做成一票发财的生意，你去称赞他眼光准，引得他眉飞色舞，并提出某个请求，也是好机会。诸如此类的例子很多，全在于随时留心，善于运用。

不过当你想提出请求时，第一要看时机是否成熟，第二说话要不亢不卑。过分显出恳求的神情，反而会让对方藐视你，你的心里尽管十分着急，说话的表情和语气也要大方自然，并且要说出为对方着想的理由来，而不是只为自己打算，才有成功的把握。

让话题越谈越热烈

聊天和相处一样，需要惊喜，所以要进行适当的语言刺激。应当注意的是，即使是一个很好的题材，朋友很感兴趣，但是说话时也要适可而止。若无休无止地说个没完，会令人疲倦，刚开始的新鲜感会荡然无存。

说一个话题之后，应当停顿一下，让别人发言，若对方没有讨论的意思，这时仍必须由你来主持交谈。那么此时你就必须另找新鲜话题，如此才能引起大家的兴趣并维持生动活跃的气氛。

在谈话当中，朋友的发言机会虽为你所掌控着，但是在说话过程中，我们应容许别人说话，让别人有说话的机会。一个好的方法是找机会诱导别人说话，这样气氛会更加热烈，大家的兴致更高，朋友之间也更融洽。

当说到某一细节时，可征求别人对该问题的看法，或在某种情形时请他讲述自己的见解，使对方不至于沉默，才不失为一个善于说话的人。如果你的话题转了两三次，而别人仍没有将说话机会接过去的意思，或没有主动发言的意愿，应该设法把谈话在适当的时候结束。即使你精神很好，也应该让朋友休息。

朋友间最好的交谈，是有"朋友的话"在里面。那种看起来不爱说也不爱听的人，常常坐在一个角落里，默默无言，当他偶然听见另外一些人哄堂大笑时，也照例跟着一笑，但是这种笑显然是敷衍的，因为那种笑容是转瞬即逝的。他的眼光已经移到窗外的墙壁上或者其他的目标，这种人不会单独来看你。你要明白，这类人或因年纪较大，或是学问兴趣较高，而时下在座的其他人比较市井、俗气一点，谈天说地，话题无非是饮食男女、家长里短，或出语俚俗，言不及义，使较有修养的人望而却步，所以他才独自躲在一角。

对这种朋友，只要你知其症结所在，便可以在几句谈话中探得他的学问兴趣如何，然后再和他谈论下去，这样便很自然地打开谈话内容。只要你恰当地提出一些问题，就可以争取到一些让自己增长学识的机会，他见你谈吐不俗，在这嘈杂的聚会中，一定会引为知己，如此一来，僵局就打开了。

第五章
理解暗示语,增加印象分

给对方留下良好的印象，这是人际关系的第一道"坎儿"。当你能在行为上给予对方好感时，他当然也会用相同的态度与你回应。不管你的能力有多强，如果第一次见面给人的印象不好，对方自然不会再想进一步了解你，也不会把你列入他的交际范围。

察人、识人要找切入点，如果彼此个性不合，则不论你如何积极地努力，对方也很难坦诚接纳。

说话、办事要做到位，好不容易有初次见面的机会，如果不善加利用，随随便便敷衍了事，无法给人深刻印象，则别人自然会立刻把你置于脑后。

"道具"的力量

在一家大公司举行的董事会上，12名董事围坐在椭圆形的会议桌旁，你一言我一语地讨论着。其中11名董事面前摆着纸和笔，而另外一位呢，他面前除了纸笔外，还堆了一摞文件资料。

董事们对该次会议的中心议题——有关公司经营战略的转型，每个人都各抒己见，一时之间，争论四起，难成定论。在这一片混乱当中，那位携带了大批文件资料的董事却一直保持着沉默。

在每一位董事起身发言的时候，都会不约而同地向那堆文件资料行"注目礼"。等到在座11位董事发言过后，董事局主席遂请最后那位似乎是有备而来的董事说几句话。

只见这位董事站起来，随手拿起自己面前那叠资料上的一张纸，简要地说了自己的意见，便又坐了下来。随后，经过一番简短的讨论，那11名董事一致认为最后发言的那位董事"言之有理"，都同意他的意见，这场纷乱而冗长的争论才告结束。

散会之后，董事局主席赶忙过来与这位一锤定音的董事握手，感谢他所提供的宝贵意见，同时也对其为收集资料所下的功夫表示敬意。

那位董事听了主席的一番话，顿时愣住了，随后不好意思地笑着解释说："什么？您大概误会了，我手头的这些文件资料和今天的会根本是两回事啊！这些东西是我的秘书整理出来的一些往年的文件，先交给我看看，如果没有保存的必要，就要销毁了。而我正打算开完会便外出度假，所以顺便把它们也带到了会场。至于我发表意见时手上拿的那张纸，不过是刚刚边听各位发言边随手记下的摘要而已。"

试想，偌大的会议室里，11位董事手头最多只有简单的纸和笔，而最后那位董事面前却带来了很多文件资料，谁不感到惊讶呢？这个董事既然带来这么多"道具"，就说明他下了极大的功夫，做了万全的准备，他的意见必是有根有据——其他的董事大概都是如此思量的。所以，这位董事说的话更有分量，尽管他带来的其实只是一大摞陈年的废旧文件。

用学识增加"印象分"

细心注意并牢记一些不为一般人注意的琐碎和冷僻知识，并在适当的时候透露出来，会令人刮目相看。

日本时政评论家竹村健一先生，以学识闻名日本，是人们公认的知识渊博的学者。听过他演讲的人都说："在他的演说中，能得到许多报纸、电视上所没有的知识。"然而，他自己却认为，他所提供的资料当中，70%来自日本本国的报纸，30%来自欧美的报纸杂志，只不过是他的着眼点与别人不同，大部分都是别人省略不看的琐碎知识。

这些琐碎和冷僻的知识不为一般人注意，而竹村先生看到后，就记在心里，在演讲时巧妙地加以运用，同时还要加上自己的分析。他不仅有高超的收集情报的能力，记忆力也相当好，因此他才得到博学多才的美誉。

要活用众多的琐碎知识，并不容易，必须严加推敲选择。对自己感兴趣的作品，一定要熟读、精读，这样才能在日常谈话中恰当运用。如"在莎士比亚的作品中，我最喜欢的是《李尔王》"，然后把李尔王所处的时代背景一五一十地说出来，能做到这一点，听众就会对你另眼相看。所以，只要你提起李尔王的故事，就会让别人产生这样一种错觉——你在莎士比亚研究方面很有造诣。

一位朋友很喜欢引用名言警句。在谈话即将开始时，他会以"歌德曾经说过更多的光"这句话作为开场白而语惊四座，征服听众。

然后隔一段时间再说："这是歌德临终前留下的'更多的光'的名言。"

大文豪歌德在临终时，遗言是："给我更多的光吧！"

他害怕黑暗，他太留恋这个五光十色的光明世界，他还希望照亮它们。听到这话，听众就会觉得他可能读过很多歌德的书，对歌德很有研究，很有真才实学。当然，这位朋友也是相当有才能、博学多知的人物，他之所以这么说，主要是为了让大家引起注意、集中精力。不过，他的这种说话技巧很能启发人。

像这样，若能通晓一些别人所不知道的知识，无论是多么微不足道的东西，都能获得好的评价。例如，如果你清楚世界各国的狗吠声，或者了解德国的各种酒，一有机会，就露一手，则大家不但不会认为这些知识没有用，反而会认为你懂得很多，甚至会给人以高深莫测的印象，让大家敬而慕之。

说，还是不说

沉默是金，这是英语中的箴言。

玩过桥牌的人都知道，打桥牌时两人一组，双方叫牌，目的在于叫出自己的实力和牌型，以打败对方。

初学者往往不分青红皂白，明明没有希望的牌也乱叫，结果把自己的实力和牌的分配状况暴露给对方，使对方轻而易举地获胜。因此"沉默是金"便是初学桥牌者必须掌握的一个基本原则。

保持沉默，可以给对方以心理压力，强大的压迫感让对方感觉你深不可测，这样你就已经赢了一半了。

鲁迅说："沉默是最好的反抗。"面对挑衅、面对污辱、面对流言，有时候需要针锋相对、以牙还牙；有时候则需要沉默，这种无言的回敬常能使对方自知理屈、自觉无趣，获得比强词辩解更佳的效果。

当然，开口说话也很重要。说话是沟通彼此的最好工具，人与人相处，不能始终默不出声，就算是最沉默的人，在必要时，也不能不说几句。

很多人在熟人面前侃侃而谈，但与熟人讲话不算本领，能与生人讲话，说得一见如故、相见恨晚，那才是真本领。

片刻的沉默、思索，可以使你说出的话更准确，更有分量。因为真话未必就是真理，实话未必就是事实，所以到非说不可的时候，一定要给真理和事实留有余地，它会使你显得更富知性。

沉默就相当于音乐上的休止符，有了它会使音乐更强劲，更有节奏感。

沉默是金，不是不说，而是说得恰到好处。

说，还是不说，这是个问题。这不是"言论自由"的问题，而是个"风险与收益"的问题。

该表现时,一点都不要客气

传统思想中,常常对锋芒毕露的人持否定态度,所以一个人只能在恰当的时机展现自己的才华,才显得如一鸣惊人。

一个很有才华的人,通常可以称之为才华横溢。所谓"横溢",就是才华的自然流露,让观者意犹未尽,最典型的例子就是王勃。

少年王勃打算到交趾看望父亲,路过江西。在这里正巧遇上洪州(今江西南昌)都督阎伯玙为重新整修滕王阁大摆宴席,阎伯玙得知王勃此时也在洪州,便邀请他也来参加这次宴会。

滕王阁因长时间没有整修变得破败,这时的洪州都督阎伯玙将滕王阁整修一新,竣工时举办了一个宴会。阎伯玙还让他的女婿事先准备了一首赞颂滕王阁的诗,以便在宴会上向众人炫耀一下女婿的才华。

宴会开始后,阎伯玙请大家为重修的滕王阁作序,宾客大多是官场老油条,深谙阎伯玙的用意,纷纷推脱。正当阎伯玙想要请自己的女婿写下那首早已准备好的诗作时,王勃却站了出来,挥笔写就名满天下的《滕王阁序》。

在那个时代,王勃的表现稍显出格,但正是这种少年意气和抑制不住的才华,才留下了千古绝唱《滕王阁序》,阎伯玙也不得不为王勃的才华而折服。千古名楼与千古文章融为一体。

时移世易,我们已经进入一个"自媒体"勃兴的时代,每个人都是一个媒体中心,一个人可以尽情展示自己的才华,而不必担心来自外界的指责。

一个人的才华,表现为拥有的技能、知识、思想、谈吐、文学创作、艺术修养等,你可以通过文章、短视频等形式发表,在恰当的时机,自会有赏识你的人发现你的闪光点。

多说"是",少说"我"

在苏格拉底时期的雅典,重大事务通常通过投票解决,因此口才成为最耀眼的技能。而苏格拉底发明了一种方法,能说服最顽固的人,所以他的这套方法,被人称为"苏格拉底牛绳"。

他的方法是什么呢?他是否对别人说"你错了"?没有,苏格拉底才不会呢!他太老练了,不会做出那种事。

"苏格拉底牛绳"以得到"是"为根据。他所问的问题，都是对方所同意的。他不断地得到一个同意又一个同意，直到他拥有许多的"是"。他不断地发问，到最后，几乎在没有意识之下，使他的对手发现自己所得到的结论，恰恰是他在几分钟之前所坚决反对的。以后当我们要自作聪明地对别人说"你错了"的时候，可不要忘了赤足的苏格拉底，应提出一个温和的问题，一个会得到肯定反应的问题。多说"是"，少说甚至不说"不"，从双方都同意的事开始谈起，从别人的角度看问题，才会有更多收获。

"我"在英文就是字母I，本来是个头最瘦小的字，千万不要把它变成自己语言中个头最大的字。请学学苏格拉底，不说"我想"，而说"你看呢"。

● 在一个园艺俱乐部的聚会中，有位先生在三分钟的时间里，一共用了36个"我"。不是说"我想……"就是说"我的……""我的花园……""我的篱笆……""我的花木……"。

结果，他的一位熟人听到后走过去对他说："真遗憾！你失去了妻子。"

"失去了妻子？"他吃了一惊，"没有！她好好的啊！"

"是吗？那么难道她和你提到的花园一点关系都没有吗？"

第六章
避免『尬聊』的万能话题

若把对话比喻成一场球类互传运动,那么闲聊与"废话"就是"热身运动"。这种暖场环节,可以为后面打开话匣子做铺垫,增进彼此的好感。

"废话"是人际关系的第一句

无用之用,是为大用。

像"吃了吗"这一类看似毫无意义的话,能被频繁使用,自然有它独特的妙用。

许多人低估了"废话"的价值,他们觉得"今天天气真好,哈哈哈"和"吃过早饭了吗"这一类话语,都是无聊的废话,他们不喜欢谈,也不屑于谈。

谈话的开头相当重要,当你面对着各式各样的场合,面对着各式各样的人物,要能做到恰到好处,实在不是一件容易的事。倘若交谈开头不好,就不能继续发展彼此之间的交往,而且还会使得对方感到不快,给对方留下不好的印象。

实际上,很多重要的谈话都是从"闲谈"开始的。深入交谈前,均需要一些"废话"做铺垫。说一些看来好像没有什么意义的"废话",其实就是先使大家轻松一点、熟悉一点,营造一种有利于交谈的正向气氛。

可见,"废话"就是一种"预热",有助于我们平滑地切入正题。这就好比球赛之前,运动员先蹦蹦跳跳,伸手伸脚,做一些拉伸动作或热身运动一样。

中国有个词语叫作"聊天"或"谈天",当交谈开始时,我们不妨谈谈天气，而天气几乎是全世界都流行的话题。

天气对于人们生活的影响太密切了，天气很好，不妨同声赞美；天气太热，也不妨交流一下彼此的苦恼；如果有什么地震、台风、暴雨或是季节性天气问题的消息，更值得拿出来谈谈，因为那是人人都关心的。

当然，亲切有礼、言辞得体是最重要的，然而做到这一点，也不能说就一定会收到良好的效果。因此，平时除了最关心、最感兴趣的话题之外，你要多储备一些和别人"闲谈"的资料，这些资料往往应该是轻松、有趣，容易引起别人注意的。

万能话题清单

一个人不可能时时刻刻正儿八经地讨论重要的事情。很多时候，你需要说一些不太重要的闲聊话题来增进双方感情。

这种闲聊，对于工作中的情感沟通、形象塑造有很大的帮助。

1. 自己的一些无伤大雅的糗事

例如，买便宜货上当啦，语言上的误会啦，或是办事摆了乌龙啦等,这类笑话因其自然真实,多数人都爱听。如果把别人闹的笑话拿出来讲,固然也可以得到同样的效果,但对于那个闹笑话的人,就未免有点不敬,讲自己闹过的笑话,开开自己的玩笑,除了能够博人一笑之外,还会使人觉得自己为人很随和,很容易相处。

2. 历险故事

自己或朋友亲身经历的惊险故事,最能引起别人的注意。人们的生活常常是平静的,每天大家照常吃饭,照常睡觉,可是忽然遇到什么挑战了,或是路上遭遇到很多危险……怎样应付这些不平常的局面?怎样机智地或是幸运地在迅雷不及掩耳的瞬间死里逃生?都是每个人永远不会漠视的题材。

3. 热门新闻

假使你有一些众人不知的新闻或特殊的见解,那足可以把一批听众吸引在你的周围。男人们可以谈谈足球,女人们可以谈谈流行的服装款式。

4. 搞笑的段子

笑话人人爱听,假如你储备了大量各式各样的搞笑段子,又能在恰当的时机抛出,那你恐怕就是最受欢迎的人了。很多营销高手的手机里都保存着几十条令人喷饭的幽默笑话，他们总是在与客户畅谈的时候拿出来"调剂"一下，实则是助兴。

5. 运动与休闲

夏天谈游泳，冬天谈滑雪，其他如足球、羽毛球、篮球、乒乓球，都能引起人们普遍的兴趣。兴趣爱好方面像盆栽、集邮、钓鱼、听唱片、看戏，什么地方可以吃到特色的食品，怎样安排假期的节目等都是一般人饶有兴趣的话题。

6. 居家常识

关于每个家庭里需要知道的各方面的知识，例如，儿童教育、购物经验、夫妇之道、交际应酬、家庭布置与收纳技巧……这一切，也会使多数人产生兴趣，特别对于家庭主妇们，大家可以相互交流、倾诉、取经。

7. 保健与医疗

这也是人人都有兴趣的话题，谈谈新上市的药品，介绍著名的医生，对流行病的医疗护理，自己或亲友养病的经验，怎样可以延年益寿，怎样可以增加体重，怎样可以减肥……这类话题不但能吸引人的注意，而且对周围的人有很大的帮助。特别是遇到朋友或家人健康有问题时，假如你能向他提供有价值的意见，对方肯定会非常感激。事实上，有哪一个人、哪一个家庭没有这方面的问题呢？

使用万能话题应注意什么

上述这些话题，诸如猫狗、孩子、食物菜谱、自己的健康、足球和其他体育运动，以及家庭纠纷之类的，并不是任何时候都受欢迎，特别是对方时间紧迫时，人们并不会真正愿意听你的高谈阔论，如果继续喋喋不休，就会像写文章跑题一样，让人生厌。

对方可能会想：你的健康问题应该与医生去谈，你的菜谱应该和妻子商量，而要说足球你必须到球场上去踢，而不是在客厅里谈，至于家庭纠纷，家丑何必外扬？

某次，一位大使对丘吉尔说："首相，你知道，我还一次都没有和你说过我的孙子呢？"丘吉尔拍了拍他的肩膀说："我知道，亲爱的伙伴，为此我应该好好感谢你！"

此外，还有一些危险话题需要格外慎重。那就是信仰、种族和政治之类的话题，是最容易引起分歧的，需要非常慎重。

当然，这其中也有风险与收益的权衡，倘若大家在这方面的见解颇为接近，或是具有共同的信仰，那这方面的交谈就变成最生动、最热烈、最引人入胜的了。

先给对方"安全感",他才可能深入交谈

与见面第一句来点"废话"同理,先给对方一点"安全感",他才可能与你深入交谈。

如果开门见山地提正事,会让对方不自觉地进入一种"防卫机制"。用几句"废话"开场,则可以让对方慢慢放松防卫心理,渐渐敞开心扉。实际操作中,了解人的这种心理特点,因势利导,就容易使人坦露其内心世界。

某杂志社举办一场商业峰会,会议刚一开始,主持人先叙述要点,然后说:"我前面讲的几点,是本次会议的中心,围绕这几点,大家可展开自由讨论。"这样一来,会场气氛松弛了不少,企业家们便天南地北、海阔天空地讲开了。

在这次峰会中,许多企业家都一改他们在其他正式场合的套话与陈词滥调,对形势和政策发表了精辟的见解,可谓激扬文字、指点江山。本期杂志也因此而热销。

由此可见,人在轻松、随意的气氛中,容易表现出真正的自我。

在一些比较正式、讲究的场合中,人们都不免有某种程度的拘束感,在这种拘束感的作用下,举止、表情就有些装模作样,一旦转换到非正式的场合中,又会变得轻松自然起来。

有位著名摄影大师说：为拍好孩子的照片，捕捉其天真烂漫的丰富表情，拍摄应选在孩子心理放松、自然的状态下进行。面对"一本正经"地摆好姿态准备照相的孩子，他必定先说："好，拍完了！"等孩子紧张的心理状态变得轻松，去掉做作笑容的一刹那，他按下快门。如此摄拍下的照片，就充分表现出儿童那种天使般纯真、充分自由的内心世界。正因为他善于准确及时地掌握儿童的心理，才能在摄影方面获得如此高的成就。

从正式的场合突然转到非正式场合，人们就会如释重负，自由感油然而生。我们如果运用某种技巧，将人类的这种心理变化加以适当调动，那么我们就能够轻而易举地听到他人的心里话。

有一位国外的税务官介绍，要对付那些顽固不化的偷税漏税的公司，最好的办法是先约请其经营主管出席会议。当然，在这种会谈中，要听取逃税者的真心话是不可能的，他们只会闭口不言，守口如瓶。然而，等到谈话结束之后，将其经营主管请至自己家中，一边喝茶，一边亲切交谈，当你以泰然自若的态度说："贵公司贩卖的临摹某某画家的画，确实惟妙惟肖，非常逼真。"这时，这位经营主管就随意回答说："坦白对你说，这些是真正的货真价实的名画，并非仿制，因此价格昂贵。"在这种气氛中，这位主管不知不觉中就轻易地透露了偷税的重要证据。

获得对方好感的说话技巧

1. 多提一些善意的建议

当你关心别人时,只要这份关心不会伤到他,一般人不会被拒绝。尤其是能满足其自尊心的关怀,往往立即能转化为对你的好感。

满足他人自尊心最佳的方法是善意的建议。对方是女性时,仅说"你的发型很美",只不过是一句单纯的赞美。若是说"稍微再剪短一点,看起来会更可爱",对方定能感受到你对她的关心。若是能不断地表达出此种关心,对方对你必然更加亲切信任。

2. 偶尔暴露自己一两个小缺点

每当百货商场举办"瑕疵品清仓活动",必然造成人潮汹涌的盛况,甚至连大拍卖也比不上它的吸引力。为什么"瑕疵品"能如此地激起人们的购买欲呢?这可以说是百货商场敢于承认商品具有瑕疵的缘故。

之所以如此说,是因为坦率地暴露缺点,反而使一般民众对该公司正直、诚实的作风留下深刻的印象。而此种诚实、正直往往转变成民众对其商品的信赖,自然而然地,公司也就大受其益了。

暴露的缺点只要一两个就可以了，可使他人难以将这一两个缺点和其他部分联想在一起，因而产生其他部分毫无缺点的错觉。"这个人有点小缺点，但是其他方面挑不出毛病来，是个相当不错的人！"类似上述的想法就能深深植入他人的心中。

3. 要记住对方所说的话

某位心理学家应邀至某个论坛演讲时，不料主办者之一却问他："请问先生的专长是什么？"他颇为不高兴地回答："你请我来演讲，还问我的专长是什么？"

招待他人或是主动邀约他人见面，事先多少都应该先收集对方的资料，此乃一种礼貌。换句话说，表现自己相当关心对方，必然能赢得对方的好感。

记住对方说过的话，事后再提出来作为交流话题，也是表达关心的做法之一。尤其是兴趣、嗜好、梦想等，对对方来说，是最重要、最有趣的事情，一旦提出来作为话题，对方一定会觉得很愉快。在面试时，不妨引用主考官说过的话，定能使主考官对你另眼相看。

4. 及时发觉对方的微小变化

依我来说，一般做丈夫的都不擅长对妻子表现自己的关心。比方说，妻子上美容院改变发型，明明觉得"看起来年轻多了"，却不说出口，因而妻子心里不满，觉得丈夫不关心自己。

不论是谁,都渴求拥有他人的关心。而对于关心自己的人,一般都具有好感。因此,若想获得对方的好感,首先必须积极地表达出自己的关心。只要一发现对方的服饰或使用的物品有些微小的改变,不要吝惜你的赞美,立即告诉对方。例如:同事打了条新领带时,你马上问:"新领带吧!在哪儿买的?"像这样表示自己的关心,绝没有人会因此觉得不高兴。

另外,指出对方与往日不同的变化时,愈是细微、不轻易发现的变化,使对方高兴的效果愈显著。不仅使对方感受到你的细心,也感受到你的关怀,转瞬之间,你们之间的关系就会比以前更亲密。

5. 呼唤对方名字

欧美人常说"来杯咖啡好吗?史密斯先生""关于这一点,你的想法如何?史密斯先生",频频将对方的名字挂在嘴边。很令人不可思议的是,此种作法往往使对方涌起一股亲密感,宛如彼此早已相交多年。其中一个原因就是,他感受到对方已经认可自己了。

在中国,晚辈直接呼喊长辈的名字,是种不礼貌的行为。但可以称呼其尊称,借着频频呼唤对方的机会,来增进彼此的亲密感。这种策略在商场上尤其有用。

6. 提供对方关心的"情报"

有位朋友有个奇怪的习惯，总是在他人微信名称上密密麻麻地做好备注。

与其说他是为了整理对方的资料或是不忘记对方，倒不如说是为了下一次见面做准备。也就是说，将对方感兴趣的事物记录下来，再度见面时，自己就可提供对方关心的信息。

即使只是见过一次面的人，若能记住对方的兴趣，比方说是钓鱼，在第二次、第三次见面时，不断地提供这方面的知识或是趣事，借此显示自己对对方的兴趣很关心，结果必然使对方产生很大的好感。

第七章 暗示语与接话术

与人交流、交往时，会接话是一个很重要的能力。当你在听别人说话的时候，如果能不失时机地接上话，不仅能够融入谈话当中，不仅可以活跃气氛，增进交流，更可以彰显一个人的幽默感和情趣。正确使用接话术的前提是听懂暗示语。

但是男女之间，因为两性思维模式的不同，有时却很难听懂对方的暗示语，因此也很难适当地接上话。

进化导致男女思维大不同

生活中,男人和女人之间常会存在沟通障碍,甚至会出现"鸡同鸭讲"的局面。

科学家已经证实,男性和女性的大脑确实有性别差异,而且早在胚胎发育过程中就已出现。所以,在男女沟通中,不仅"己所不欲,勿施于人",还要注意"己之所欲,勿施于人",这是男女思维方式的客观差异所决定的。

在原始部落的时代,男性外出打猎,他们通常目标明确,在打猎过程中速战速决。女人们会留在家里照看孩子、负责采集食物和交换信息,花很多时间在相互帮助和相互安慰上。当别人谈话时,她们不是急着提供答案,而是耐心地倾听别人的谈话和理解别人的感觉,这是她们关爱和尊重别人的表现。

1. 男性侧重结果,女性侧重过程

男性思维习惯是"结果"优先。他们习惯解决问题的模式是:很快抓出重点,马上解决。而女性的思维习惯则强调"过程",喜欢凡事从头说起,最后才归纳出事情的结果及原因。

男女沟通时，男的以为女的是来寻求策略的，于是就赶紧帮着出主意想办法，其实女性只是想找个人帮着梳理自己的情绪。

这样的沟通不就容易造成"鸡同鸭讲"的效果吗？

2. 男性侧重"认可"，女性侧重"关系"

女性往往期望通过沟通建立良好关系。女性更重视感情、交流、美和分享，她们的自我和价值是通过感觉和相处的好坏来定义的。

男性往往试图通过沟通强调自己的地位和能力。男性更注重力量、能力、效率和成就，他们的自我价值是通过获得成就来体现的。所以，他们最不愿意别人指导他该如何做事，在他没提出要求时，别人就主动去帮助他，是对他的不信任，更是一种冒犯，男性对此非常敏感。

3. 男性侧重控制，女性侧重理解

大多数男人会在遇到冲突时直接表达意见。男性与女性处理冲突的方式也大为不同，男性更强调独立和控制，他们在沟通语言中更喜欢透露自己的地位、权利和独立，他们非常在意是否高人一等。

女性在遇到冲突时，一般很少言词激烈地加剧冲突，女性强调化解矛盾，希望得到理解和支持，她们善于表达情绪和亲密的语言沟通。

4. 男性喜欢独处，女性则喜欢倾诉

约翰·格雷说过，男女最大的不同，在于他们如何处理压力。研究发现，当压力增大时，大脑中的杏仁核会被激活。男性杏仁核右侧部位活性更强，而女性左侧部位活性更强。此时，男性通过解决问题来让自己感觉舒服，女性则通过谈论来使自己感觉舒服。

压力来时，男性会愈来愈集中注意力，变得心事重重，沉默寡言。而女性正好相反，心里有问题就讲出来，在她们看来，和另一个人讲出自己的问题，是对那个人的信任，而不是负担和责任。这导致男性会通过跑步或独处解压，而女性则会与朋友聊天来得到安慰。

5. 男性喜欢就事论事，女性喜欢"一起算账"

男女之间对同一件事的情绪感受不同。

女人强调感觉，喜欢浮想联翩地表达感受，会将以前的种种不满一起拿出来"算总账"，不是就事论事，而是累加效应。比如"你每次都这样""你根本就不爱我"等。

男性则多是就事论事型，即便以前有过类似的事，大多不会认为是累加效应。所以，男人有时会抠字眼，争辩所谓的"每次"和"根本"等词汇有多么不准确，其实是领会不到女人话语背后的情绪。

需要注意的是，无论男女，都会在应激状态时下意识地采用男性思维方式，而在舒适状态时采用女性思维方式。

读懂"暗示效应",别再"凭实力单身"

凭实力单身,是一句网络流行语,其实就是一种调侃,因为有些人情商低,不解风情,于是一直都是单身。

其实,很多单身女性即使对单身男性有了好感,也不太喜欢直接表白,而是喜欢通过"暗示效应",用含蓄间接的方法表达对异性的好感。

当一个女人告诉你,"某某说,我们就像男女朋友一样"的时候,你不要以为她是在和你开玩笑。女人之所以这样说,是因为她想让你知道,别人对于你们之间的看法,想要借"旁人的话"来表达自己的心意。

很多时候,当我们希望了解他人真实想法的时候,"我有一个朋友"的说法就能很好地解决我们的问题,得到真实的观点。口中的"别人",极有可能代表着她自己,她希望你能重视两个人之间的关系,把友情变成爱情。

暗示效应的精髓,在于用含蓄的方式,诱导对方按照自己的想法去做一些事情,或者接受一些信号。"钢铁直男"常常无法确认女性朋友是否对自己"有意思",往往等回味过来时,已经错失良机。其实还可以从一些信号中得到旁证。比如,有些女孩在聊到感情的时候,她会说自己是单身,也会说羡慕情侣。这种态度流露的信号是,告诉你她是单身,如果你也是单身,可以试着追求她。还有一个信号，那就是当她看到你和其他女孩关系越来越密切，她会表现得很着急，甚至很不开心。这说明，她对你是很关心、很在意的。

真正的深爱，千万别把暗示当成一种理所当然，如果你也对她有好感，那就用真挚的情感，积极追求她吧。

当女人抛出一个棘手问题，该如何接话

在说与做之间，人们似乎永远偏重于做。其实，说也很重要。恶语总是会伤人，委婉的言辞则是生活的"润滑剂"。男人应该如何回答女人最常提出的这几个棘手的问题呢？

1. 我看起来胖吗？

女生这么问你时，就是怕你觉得她胖。男人回答这个问题时，标准答案是肯定且断然地说"不，当然不胖，一点儿都不胖"。然后尽快转移话题，这种回答显得很敷衍，却可避免陷入心情不愉快的泥潭。

2. 你认为我漂亮还是她漂亮？

这里的"她"可能是你的前女朋友，可能是一位你行

了一个"注目礼"的过路女孩,或电影里的女明星,无论哪种场合,最好的反应是:"不,你比她美多了。"

当然,还有更好的回答:"你在我眼里永远是最漂亮的。"如果她还是坚持问那个问题的话,你可以说:"你说呢?"让她自己说,如果她说别人比她漂亮的话,你就说:"虽然她比你漂亮,但是你是我心中的最爱,也是最漂亮的,知道吗?"

3. 如果我死了,你怎么办?

你应该你紧紧抱住她,然后说:"不许你乱说!我离不开你,没有你的存在,我活着也没有什么意义。以后不许说这种傻话,你知道那样会把我吓坏的。"

或者这样回答:"亲爱的,如果你去了,生活对我还有什么意义呢?我会痛苦地度过余生。"

4. 你在想什么?

如果说"想你",女朋友都会知道你那是哄她的,但是也不会不开心,总比说"没什么"要好。对于这个问题,恰当地回答当然应该是:"对不起,亲爱的,沉思使我冷落了你!不过我在想,遇见你是多么幸运,你那么温柔、漂亮、聪明……"显然,这种表白跟实际所想的问题风马牛不相及,不过若能博爱人一笑,又未尝不可。

第八章 模糊处理的接话艺术

模糊,是一种境界,是大智若愚的境界,是超凡脱俗的境界,是游刃有余的境界。模糊绝不是糊涂,虽然这里使用了一个"绝"字,但这一点仍然被很多人所误会,或者说,领悟不到这个层次。所以,模糊处理是一种接话艺术,也是一种修为,需要修炼才能达成。

模糊处理，减少摩擦

模糊处理的语言，常用于不必要、不可能或不便于把话说得太实、太死的情况。

1962年，中国在自己的领空击落美国高空侦察机后，在记者招待会上，有记者突然问外交部长陈毅："请问中国是用什么武器打下U-2型高空侦察机的？"这个问题涉及国家军事机密，当然不能说，更不能乱说。但面对记者的提问，又不能不答。于是陈毅来了个闪避："嗨，我们是用竹竿把它捅下来的呀！"当然不可能用竹竿捅下来，但面大家都心照不宣，哈哈大笑一阵便罢了。

某经理在给员工作培训时说："我们企业内绝大多数员工是好学的、要求上进的。"这里的"绝大多数"是一个尽量接近被反映对象的模糊判断，是主观对客观的一种认识，而这种认识往往带有很大的模糊性。既不指名道姓地批评不求上进的人，又能给他们敲响警钟。

即使在严肃的对外关系中，也需要模糊语言，如"由于众所周知的原因""不受欢迎的人"等。究竟是什么原因？为什么不受欢迎？其具体内容及不受欢迎的程度，均是模糊的。

平时，你要求别人到办公室找一个他所不认识的人，你只需要用模糊语言说明那个人个不高、瘦瘦的、高鼻梁、大耳朵，便不难找到了。倘若你具体地说出他的身高、腰围的精确尺寸，倒反而很难找到这个人。

钱钟书先生是个自甘寂寞的人。他居家耕读，闭门谢客，最怕被人宣传，尤其不愿在报刊、电视上抛头露面。他的《围城》再版后，又拍成了电视剧，在国内外引起轰动。不少新闻界的记者都想采访他，均被钱老执意谢绝了。一天，一位英国女士，好不容易打通了钱老家的电话，恳请让她登门拜见钱老。钱老一再谢绝没有效果，他就妙语惊人地对英国女士说："假如你看了《围城》觉得不错，像吃了一只鸡蛋觉得味道不错，何必要认识那个下蛋的母鸡呢？"英国女士终被说服了。

钱先生的回话，首句语意明确，后续两句，"吃了一只鸡蛋觉得味道不错"和"何必要认识那个下蛋的母鸡呢"虽是借喻，但从语言效果上看，却是达到了"一石三鸟"的奇效：其一，语意宽泛，富有弹性的模糊语言，给听话人以思考琢磨的余地；其二，在与外宾及女士交际中，不宜直接明拒，采用宽泛含蓄的语言，尤其显得有礼有节；其三，更反映了钱钟书先生超脱盛名之累、自比"母鸡"的这种谦逊淳朴的人格之美。一言既出，不仅无懈可击，且又引人领悟话语中的深意，令人敬仰钱老的大家风范。

回避式模糊法，是按照某种场合的需要，巧妙地避开确指性内容的方法。

有一次，在梁朝伟出席的某活动上，记者又问起他和刘嘉玲的关系："在北京《无间道》的首映式上，你和刘嘉玲非常亲密，我们想知道，你们什么时候能走上红地毯呢？"

虽然公众非常关心这个问题，可毕竟是个人隐私，梁朝伟不好回答，于是他说："我们在《无间道》首映式上，就已经走过红地毯了啊。"

这种语言上的模糊处理，在很多重要场合都会用到。例如，在面试的时候，有些面试官会问一些犀利的问题，比如，告诉我，你最大的弱点是什么？

回答这种问题的要诀，在于不接受这种"否定暗示"，不要被具体的问题牵着鼻子走。首先，你要承认，人无完人，自己也不例外。你可以承认一个微不足道的弱点或一个无伤大雅的缺点，这样看似回答了，其实也化解了剑拔弩张。你可以接着表示，那都已经是过去式了，自己已经克服这个缺点了。

算命先生的模糊语言术

心理学上有所谓的"巴纳姆效应"，又称福勒效应、星相效应,是 1948 年由心理学家伯特伦·福勒通过实验证明的一种心理学现象,是指人们常常认为一种笼统的、一般性的人格描述能十分准确地揭示了自己的特点。

之所以用"巴纳姆效应"命名,是因为美国历史上曾经有一位名叫肖曼·巴纳姆的杂技师在评价自己的表演时说,他之所以很受欢迎是因为节目中包含了每个人都喜欢的成分,所以他使得"每一分钟都有人上当受骗"。

一些算卦的江湖术士,也深谙此道,常用一些普通、含糊不清、广泛的形容词来描述问卜者,而问卜者又往往很容易就接受这些描述,并认为描述中所说的就是自己。比如,一个算卦的人说:"你这辈子和水有缘。"这其实是一个非常普通的描述,要知道,古人已经将这个世界的元素大致分为"金木水火土",任何人一辈子都可能"和水有缘",比如自家旁边有条大河,有口古井,或者去工作学习的地名里有"三点水",也有可能自己从事的是饮料行业等,只要细细挖掘,总能产生某种关联。

人的心理是很奇妙的,一旦听到含糊的提示,就会浮想联翩,立刻联想起一些和提示有关系的事情。如上面所举的例子,当你听算命先生说"你和水有缘"时,忽然想道:"对呀,小时候我曾经掉入河中,差一点就淹死了。"从过去的经验中,寻找与水有关的某些记忆,很容易使含糊的、暧昧的事物具体化、明确化。

再如,某算命先生假装深沉地说:"你有女祸。"一般男人听了都会大吃一惊。有的人想，这么多年我一直单身，难道这位铁口先生已经知道了；也有人会想，我每月工资都要如数上交，莫非这算命的已看出我是个"妻管严"……这样，被看相的人心里一直揣摩着有关"女祸"的事，似乎算命先生的话说得很准。

算命先生的这种说话技巧，确实很高明，很能迷惑人心，若能熟练地掌握这种技巧，并加以利用，即使你对对方不太熟悉，也能把握住对方的心理。一流的企业管理者，往往深通此术，并能加以灵活运用，以抓住职员的心理，使其替自己卖命。譬如在公司走廊上，或者洗手间碰到下属时，就关切地拍拍对方的肩膀说："我知道你最近很忙，但我希望你不要松懈，好好干下去吧！"在这句打气鼓励的话语中，"很忙"二字的语意就不很明确，究竟忙些什么呢？谁也说不清楚，然而听者有意，职员认为自己受到了上司的赏识和关心。

每个人或多或少都有一些事情需要忙于应付，有人为事业而忙，有人为人际关系所困扰，有人则疲于家务。因此，当别人说你很忙或你很了不起时，你的脑中就会联想到许多让自己感到忙碌的事情，心想："他的确了解我。"一句不着边际的含糊话，就可以认为对方对自己非常了解。

都说"难得糊涂"，其实，糊涂并不难，难就难在糊涂背后的清醒。

不得其人而言，谓之失言

俗话说："知无不言，言无不尽。"可俗话又说："交浅勿言深。"

你也许以为大丈夫光明磊落，没有藏藏掖掖的必要。你也许以为"逢人只说三分话"的人狡猾、不诚实。实际上，事情的对与错，完全取决于你的谈话对象是什么样的人。

如果对方不是可以尽言的人，你说三分真话，已不算少了，连孔夫子也说："不得其人而言，谓之失言。"

如果对方不是交情很深的人，你也想畅所欲言，以图一时之快，对方的反应也许会很奇怪。若你与对方关系尚浅，你却与他深谈，只会显出你没有分析判断能力。

如果你不是他的诤友，就不能与他争论。忠言逆耳，只会显出你的冒昧。

如果你不明白对方的立场如何，对方的主张如何，你偏要高谈阔论，轻言更易招祸啊！

所以，"逢人只说三分话"，不是不可说那七分话，而是不必说、不该说的那七分话。

说话有三种限制，一是人，二是时，三是地。非其时，虽得其人，不必说；得其人，得其时而非其地，也不必说。非其人，你说三分真话，已是太多。得其人，而非其时，你说三分话，可给他一个暗示，看看他的反应如何。得其人，得其时，而非其地，你说三分话，正可以引起他的注意。如有必要，不妨择地长谈，这才是通达世故的人。

有时你只说三分话，正可表现你的修养和宽容。做医生的人，或许可以对人提及普通病人的病情，但对于涉及隐私的疾病，就绝对不该对人提及了，这是医生的职业道德。在银行工作的人，业务大概情形，或许可以对人提及，但对于存款人的姓名，你就绝对不该对人提及了，这是银行人员的职业道德。依此类推，只说三分话的例子多着呢！

你若不能遵守只说三分话的要求，有时会闯大祸，留给自己或者他人沉痛的教训。小张长得高大魁梧，在大学校园内有"恋爱专家"的雅号。如今他是一家外资公司的高级职员，英俊的长相和丰厚的薪水使他成为众多女孩心仪的对象，最后他选择了貌若天仙的小丽作为女友。也许是为了炫耀自己的能耐，小张带着小丽去参加朋友聚会。就在大家天南海北闲谈的时候，同学老王转移了话题，谈起了大学校园的爱情故事，故事的主人公自然是"恋爱专家"小张。老王对这些事并没有点到为止，而是从头到尾大谈特谈。小丽起先还觉得新奇，但越听越不是味，最后拂袖而去。小张只好撇下朋友去追小丽。

老王并不是有意要揭小张的短，但也因口无遮拦而无端生出很多是非。这不仅使小张要费不少周折去挽回即将失去的爱情，而且使在场的人心里也不愉快。

世间有所谓的"二八定律"，有时候，这二分比八分还要重要。所谓"逢人只说三分话"之中的这三分话，还不能包括重要的话，重要的话是连一分都说不得的。你所说的三分话，可以是风花雪月，可以是柴米油盐，可以是江湖怪谈，可以是山海奇经，可以是稗官野史，可以是正史。总而言之，都是有趣却不触及关键的话题，虽然说得头头是道，说得相谈甚欢，说得皆大欢喜，其实是言之无物，无关主题。铺垫到位后的关键时刻，才能拿出真正要紧的话来。

直言直语会伤人

莎士比亚曾在《雅典的泰门》一书中，借助一位出场人物之口道："人都有缺点，为人正直也是缺点之一。"这里所谓的正直，就应该是不合时宜地直言。

有些人工作上努力，不辞辛劳，却得不到别人的肯定，就是因为她"直言直语"的性格造成的。原本到手的功劳，却只因语言上逞一时之快而前功尽弃。

其实，"直言直语"是人性中一种很可爱、很值得珍惜的特质，因为唯有这种直言直语的人，才能让是非得以分明，让美和丑得以分明，让优缺点得以分明。

喜欢"直言直语"的人说话时往往只看到现象或问题，只考虑到自己的"不吐不快"，而不去考虑旁人的立场、观念、性格。他的话有可能是一派戏言，也有可能鞭辟入里；对一派戏言的"直言直语"，对方明知，却又不好发作，只好闷在心里；鞭辟入里的"直言直语"则直指核心，让当事者不得不启动自身防卫机制，若招架不住，恐怕就怀恨在心了。

著名艺人徐熙媛（大S）说过："每次听到别人说'我这个人说话就是比较直'，我就开始冒汗，因为接下来一定会有一些自以为'直'但其实挺刺耳的话出现。"

喜欢"直言直语"的人一般都具有"正义倾向"的性格，言语的爆发力、杀伤力比较强，所以有时候这种人也变成别人利用的对象，鼓动他去做一些自己不方便去做的事情。不管成效如何，这种人可能就会成为牺牲品，成为别人的眼中钉，成为大家冷落疏远的对象。

所以，"直言直语"是一把伤人又伤己的双面利刃，而不是披荆斩棘的"开山刀"。

也许，你已经被人评价过"心直口快"，你也觉得自己足够坦诚。

但是，你的坦诚可能像子弹，已经伤害过不少人，没有人甘愿做你的"坦诚"的靶子。

导演张艺谋曾说："在公开的媒体上，我从来不对任何同行指名道姓地批评，以显示我所谓的真诚，我觉得没必要，这是我做人的原则。"

其实，逞口舌之快何尝不是一种私心呢？

你发泄完了，爽快完了，别人的心情却因此受到打击。正所谓"良言一句三冬暖，恶语伤人六月寒"，所以还是证严法师说得好："心地再好，嘴巴不好，也不能算是好人。"

在莎翁所处的那个时代和社会中，他这样警告大家：处世勿过于坦率老实，以免招来灾祸。但当时代的车轮驶进21世纪时，莎翁的箴言依然具有某种现实意义。

一个人如果过于方正，有棱有角，难免受挫；但是一个人如果圆滑透顶，也必将众叛离亲。因此，做人必须方外有圆，圆中有方。外圆内方之人，有忍耐的精神，有谦让的胸怀，有糊涂的智慧，有笨拙的清醒……

不懂模糊表达，只会陷入被动

有一所著名的商学院，曾经举办一个为期三个月的管理理论培训班，主题是"诚实与坦率的好处"。一年后，有人着手调查，发现当时参加培训的人，有一半以上已经离开原来的工作单位。经过连续的追踪采访，才知道他们把培训中学来的管理方法应用到工作上，没想到遇到一些严重的冲突与矛盾，不得不离开原职。

合理的坦率与正直，是为人的基本规范，自然是非常令人尊重的，也是非常可爱的。可是如果运用不当，过分地追求坦率与正直，就有些过犹不及了。仅仅学得基本管理常识的人，常常会陷入"瞎子赛跑"的境地。这种人在前进的旅途中，往往忘记观察对手们的动静。他们的目标只是抵达终点，而对竞争对手毫不在意，自顾自地往前冲刺，没有发现由于自己的愚直和鲁莽，把灰尘和泥土都溅到别人的身上。即使发现了，他们也毫不在乎。在关键时刻，竞争对手就会合力将他推倒。

一个满口讲理论，个性坦率而愚直的职员，多半不会受到周围人的欢迎。这种人如果担任公司主管职务，等于将最脆弱而无防备的一面，暴露给竞争对手们。举例来说，一位自卑感很重的人，认为自己未受过高等教育，不懂人情世故，于是变得一天比一天更孤僻偏激，从而疑神疑鬼，因小事而记恨别人。最后，他会把那位愚直的人列为敌人，认为所有的阻力都是因他而起，决定找个机会加以报复，这样一来，岂非天大的冤枉？

这样看来，一方面要崇尚坦率作风；另一方面则要切忌夸夸其谈、无所顾忌的愚直行为。

如果坦率而愚直地评估一个人，即使评估得毫无偏颇，也会加重当事人心目中的自我形象。无论是上司、同事或部属，都不愿将真实的自己暴露在众人面前。因为任何人都有一种信念，认为自己比他人优秀。

身为主管，可能会有如下的自我形象——我待人亲切又体贴，我的薪水虽然不高，但这并不代表我的能力不好，我在所属的单位担任重要的职务，贡献颇多，使公司的业务蒸蒸日上，这都是我个人的能力和魅力所致，我的部属也因此受惠，从而能保住这份工作。

但是，在一个又诚实又愚直的部属眼里，这位主管的形象就不是这样了。在他的心里可能是这么想的——我的主管好像还不知道，公司里有一面神奇的镜子，任何事物在这面镜子前一晃，就原形毕露。以这位主管来说，在这回签订大订单之前，他不是被逼得一连三次改变销售计划吗？还有，由于他的贪杯酗酒和无礼行为，不知道失去了多少交易机会，否则，收到的订单也不止目前这个数字……

每个人心中都有自我形象，且在心中以最高的诚意维护着这个形象，不容别人加以毁坏，更不欢迎那些心直口快的人任意将实情点破，作毫不留情的批判。因此，自认坦率正直的人，不得不对这个问题多费一点心思去做深入了解。

第九章 幽默接话术是催化剂

听懂"暗示语",弄清楚对方的真实诉求,需要综合运用各种策略、技巧,这需要高度的理性。但很多时候,仅靠理性,难以触及实质。需要用感性思考、情绪共鸣,或者用幽默、玩笑等技巧来接话。

幽默,是一种高智商的语言艺术。恩格斯曾说:"幽默是具有智能、教养和道德上优越感的呈现。"

我们可以看到,那些人气最旺的电视节目主持人不是最英俊或最漂亮的,也不是语言最深刻或最会煽情的,而是最幽默睿智的。一本旅行日记上说,许多美国人可以不在意别人骂他无赖、顽固、奸诈,但绝对无法忍受"没有幽默感"的批评。

人在职场,要学会减少摩擦。没有人喜欢被人板起脸孔来说教,但是任何人却都很喜欢听各式各样的笑话,"一吨的说教不如一克的笑话",善于使用幽默技巧来接话,往往能起到"四两拨千斤"的"笑"果。

用幽默虚化焦点

幽默的语言,能够转移焦点。无论在风云变幻的外交场合,还是在温馨和睦的小家庭,在相逢不相识的旅途中,幽默能使尴尬的场面变得轻松、融洽,让你从容掌控局面。

俄国文学家契诃夫曾说:"不懂得开玩笑的人,即使额高七寸——聪明绝顶,也算不上有智慧。"英国首相丘吉尔就是一个很幽默的人。

1943年底,法国戴高乐将军的"战斗法兰西"由于得到美国和英国在武器装备上的支持,从10万人扩充到40万人,战争从非洲扩大到意大利的战场上。但是,在如何对待叙利亚的问题上,戴高乐和这位英国首相发生了分歧。原因是法兰西民族解放委员会宣布逮捕布瓦松总督,而此人是丘吉尔颇为看重的人物。要解决这一令双方都感到棘手的问题,只有依靠谈判了。

丘吉尔能讲的法语很有限,戴高乐的英语却讲得很漂亮。对于这一点,当时戴高乐的随员们和丘吉尔的大使达夫·库柏早有所知。

谈判的那一天,丘吉尔是这样开场的。他用法语说:"女士们先去逛街,戴高乐将军和其他的先生与我去花园聊天。"然后,他又用足以让每个人听清楚的声音对达夫·库柏说了几句英语:"我用法语对付得不错吧,是不是?既然戴高乐将军英语说得那么好,那么他一定可以完全理解我的法语。"

话音未落,平时十分严肃敏感的戴高乐已完全失去戒备,以友好、理解的态度听丘吉尔用结结巴巴的法语说话。丘吉尔这番幽默的开场白使谈判气氛变得轻松活泼起来。

战后,有一位记者问萧伯纳:"当今世界您最崇拜谁?"

萧伯纳毫不犹豫地答道:"苏维埃红军打败了德国法西斯,把我们从苦难中解救出来。我们不得不感激苏维埃红军,而他们的统帅是斯大林元帅,因此我最崇拜的人是斯大林,是他拯救了我们。"

记者接着说:"那您崇敬的第二人又是谁呢?"

萧伯纳答道:"爱因斯坦先生是我所崇敬的第二个人。因为他提出了相对论,把科学推向了一个新的境界,为人类的美好未来开辟了一条崭新的大道,他对人类的贡献是无可估量的。"

"世界上还有您崇敬的第三个人吗?"记者又问。

"至于第三个人嘛,为谦虚起见,我还是不直接说出他的名字了。"萧伯纳微笑着说道。

苏联总书记戈尔巴乔夫就任时才54岁,这在苏联的历史上是很罕见的。所以,全世界的人都很关注他的施政方针,想看看这个年轻的国家领导人,会把苏联带往什么方向。

在戈尔巴乔夫召开的记者招待会上,来自各国的记者纷纷举手抢着发问。

美国的一位记者问他:"戈尔巴乔夫先生,当您要决定内阁名单时,是不是会先和重量级人物商量一下?"

戈尔巴乔夫一听,故意板起脸来回答:"喂!请您注意,在这种场合,不关我夫人什么事。"

记者们哄堂大笑。接着,不等美国记者再发言,戈尔巴乔夫就马上指着另一名举手的记者说:"好,下一个。"从而避开了尖锐的问题。

幽默是人际交往的润滑剂

对于幽默的含义各人都有不同的理解,什么才是真正的幽默感呢?当年鲁迅、蔡元培、林语堂等大家为译成"幽默"还是"诙谐"有过一番争论。"幽默"一词在中国得以广泛流传,林老先生功不可没。

林语堂说,Humor 既不能译为"笑话",又不尽同"滑稽";若必译其意,或可用"风趣""谐趣""诙谐",无论如何,总是不如音译直截了当,也省得引起别人的误会。凡是善于幽默的人,其谐趣必愈幽隐;而善于鉴赏幽默的人，其欣赏尤在于内心静默的理解，大有不可与外人道也之滋味。

幽默是人际交往的"润滑剂"，善于理解幽默的人容易喜欢别人，善于表达幽默的人容易被他人喜欢。幽默的人一般容易与人保持和睦的关系。

北宋惠洪所著的《冷斋夜话》中有一篇《石学士》。讲的是有一位名叫石曼卿的学士，有一次坐车出门，因为马车突然失控了，翻车摔倒在地上。但这位石学士并未责怪驾马车的人，而是自己开玩笑说："幸亏我是石学士，我要是瓦学士的话，估计这一下我就摔碎了。"石学士从他的姓氏入手，随口一句话不但化解了自己的尴尬，还增加了自己的魅力。

马云就经常讲到自己去肯德基面试，24个人里有23个都被录用了，只有他没成功。这则"自黑"的小段子让自己的亲和力倍增，也带来全场的掌声。幽默还有自我解嘲的功用。一位钢琴家去一个大城市演奏，他走上舞台才发现全场观众坐了不到五成。见此情景他很失望，但他很快调整了情绪，恢复了自信，走向舞台的脚灯对观众说："这个城市的人一定很有钱。我看到你们每个人都买了两三个座位的票。"音乐厅里响起一片笑声。

具有幽默感的人往往是心理比较健康的人，他们解决问题的能力往往很强，并且具有较强烈的信心。信心有时比能力更重要。生活的艰难曲折极易使人丧失自信、放弃目标,但若能待之以幽默,则往往能够重新鼓起对未来希望的风帆。

用幽默化解困境

当你面对因为使用幽默失败而造成的尴尬局面时,就应该学会自我解围。例如说:"这个笑话的真正含意,恐怕要由警方去调查一番才能查清。"也许这句话会使自己和听众一起笑起来。也可以这样说:"我有个设想,如果大家听了之后笑起来,我就免费赠送五个笑话。"

这类话可以称为"救星",因为它可以帮你化解讲台上的困境,而且对生活中的尴尬场面也会有缓解的作用。例如,你是否觉得我讲得太快了?

当你看到听众之中有人交头接耳,你可以说:"我听到有人对我低声进行称赞了。"

还可以说:"最近一个时期,你们也许会有幸地请到一位优秀的演讲家,也可能不幸地碰上一个糟糕的演说人。今天你们可以享受到以上两种待遇,因为我妻子说我又好又坏。"

著名的古希腊寓言家伊索出身于奴隶。有一次,主人派他进城去。半路上,他偶然遇到一位法官,法官严厉地盘问他："你去哪儿？"

"不知道。"伊索回答说。这样的回答使法官起了疑心，于是把他投入监狱。

"但是，你要知道，我讲的全是实话，"伊索在狱中提出了抗议，"我确实不知道会进入监狱。"

法官听后笑了起来，把他释放了。

1860年，美国大富翁道格拉斯作为民主党总统候选人，曾公开羞辱共和党总统候选人林肯："我要让林肯这个乡下佬闻闻我们贵族的气味！"

后来，林肯这个没有专车、乘车自己买车票，或乘朋友提供的农用马拉车的总统候选人，在发表竞选演说时这样介绍自己："有人写信问我有多少财产。我有一个妻子和三个儿子，都是无价之宝。此外，还租用了一间办公室，室内有办公桌一张、椅子三把，墙角还有一个大书架，但架上的书值得每个人一读。我本人嘛，既穷又瘦，脸蛋很长，不会发福。我实在没有什么可依靠的，唯一可依靠的就是你们。"

美国著名作家马克·吐温是位有著名的幽默大师。有一次，马克·吐温去拜访法国名人波盖，波盖取笑美国历史很短："美国人没事儿干的时候，往往爱想念他们的祖宗，可是一想到他们的祖父那一代，就不得不停止了。"马克·吐温听了后淡淡一笑，以诙谐轻松的语气说："当法国人没事儿的时候，总是尽力想自己的父亲到底是谁。"

丘吉尔首相常能以幽默力量来减轻战争的压力，他曾以一句妙语来评论某位政治同僚："他是一个谦逊的人，他拥有许多让他谦逊的事。"

盛名之下的物理学家普朗克每天忙于去不计其数的大学做演讲，搞得自己疲惫不堪。普朗克每次去大学来回都是专职司机理查德开车送他，一到会场，理查德就在台下听演讲，一共做了30多次听众，而且每次都聚精会神地听，从头听到尾。

理查德是位风趣的美国人，有一天他向疲于奔命的普朗克提建议："您实在太辛苦，也一定讲烦了，您的演讲内容我可以背下来了，我想下次演讲时让我穿着您的衣服，让我来代替您演讲，直到被发现为止，可以吗？"

"妙呀，反正那里认识我的人也不多。"同样幽默风趣的普朗克回答道。

此后的那场演讲，穿着普朗克衣服的理查德对相对论的讲解没有任何差错，他把普朗克的表情和动作也模仿得惟妙惟肖。普朗克博士则打扮成司机，不仅开车送理查德来演讲，而且坐在台下认真听讲。

然而有一天，就在演讲结束，理查德准备下台时，一件意料不到的事终于发生了。

突然，一位教授模样的先生站起来，像是发连珠炮似的提出了许多问题。

真的普朗克坐在会场的角落，心中吃惊不小，但他表情上还是若无其事。

此时,假普朗克却轻松地对那位教授说:"你的这些问题很简单,连我的司机都能回答……喂,理查德,请上来帮我做些说明吧!"

最佳批评方式

对方错了,我们就应让对方自己改正,但是如果方法过激,可能会让对方脸上挂不住,恼羞成怒的人会更加坚持自己的错误,让局面陷入僵持。所以,聪明的人会选择用幽默的语言提醒对方,给对方留下面子。这是因为,笑容是最能解嘲的东西,在哈哈大笑中,顽固的人也会变得可爱。

一位青年拿着一篇乐曲手稿去见著名作曲家罗西尼,并当场演奏。罗西尼边听边脱帽,青年问:"是不是屋内太热了?"罗西尼说:"不,我有一个见到熟人就脱帽的习惯,在你的曲子里,我碰到的熟人太多了,不得不频频脱帽!"青年的脸红了,因为罗西尼用幽默的方式委婉地道出了他抄袭别人作品的事实。

运用幽默的表达方式,既可以用委婉含蓄的话烘托暗示,巧用逻辑概念,对谈判对手进行批评、反驳,又可以保证双方的关系不至于因批评、反驳而马上变得紧张起来。

我们批评别人，一般是出于让对方知错改错的动机。不论批评的对象是亲朋、同事、下属、陌生人，我们都应注意不刺伤对方的自尊心，这样便会在轻松愉快的氛围中达成沟通的目标。

用幽默的口吻去批评，就会最大限度地减轻批评的负面效应。运用幽默的语言可以把说话者的本意隐藏起来，从而话中有话，意在言外。

运用幽默的方法并不是成人的专利，孩子们对幽默力量的运用，有时也能收到很好的效果。

有个酒鬼，贪恋杯中之物，酒醉之后常常误事。妻子多次劝他，他怎么也听不进去。一天，这个人的儿子对他说了几句话，使得他的心灵受到了极大的震动，决心以后再不喝酒。

原来，他的儿子说："爸爸，我送给你一个指南针。"

"孩子，你留着玩吧，我用不着它。"

"你从酒吧里出来时，不是常常迷路吗？"

以圆滑的技巧表达批评，幽默是个不错的选择，既能指出对方的错误，又能在善意的笑声里保全其自尊。

幽默使人魅力长驻

所有的人都会年华易逝，容颜渐老。但岁月只能让肌肤失去光泽，而睿智和幽默的魅力却不会减去分毫。

乔羽不但歌词写得好，而且话也说得妙，乔羽的幽默诙谐、能"侃"会说在京城文艺圈内久负盛名。

据报载，某年6月中旬，全国民族声乐比赛初评在武汉举行，乔羽是评委之一。在有"火炉"之称的武汉一天三班地连续听录音，对上了年纪的乔羽可不轻松。为了解闷，乔羽不断地抽烟，一边抽还一边念念有词："革命小烟天天抽。"同是评委的歌唱家邓玉华为乔羽补充了三句，成了一首打油诗："革命小烟天天抽，遇到困难不犯愁；袅袅青烟佛祖嗅，体魄康健心长寿。"乔羽听罢，微微一笑，他联想到邓玉华每餐节食的情景，也回敬了一首："革命小姐天天愁，腹围过了三尺九；干脆天天吃肥肉，明天又到四尺九。"众人听后都捧腹大笑，连日来的劳累烟消云散。

幽默的魅力，仿若空谷幽兰，你看不到它盛开的样子，却能闻到它清新淡雅的香味；幽默的魅力，又如美人垂帘，人不能目睹美人之芳华，却能听到美人的声音，间或环佩叮咚，更引人无限遐思……

启功先生的前半生可以说是充满坎坷和艰辛，他一岁丧父，母子二人便由其祖父供养。十岁祖父过世，家道中落，一贫如洗，再无钱读书，由于得到祖父门生的大力相助，才勉强读到中学，但尚未毕业。由于个性坚强，不愿再拖累别人，启动决心自谋生路。经祖父的门生傅增湘先生介绍，认识辅仁大学校长陈垣，陈垣给他介绍了工作，不过两次工作皆因没有文凭而被炒。但他却没有绝望，一边靠卖字画为生，一边自学，最后终于在辅仁大学谋到一个教职。此后，在陈垣校长的悉心指导之下，取得长足进步。然而，命途多舛，1957年又被错划为右派分子，直到1979年才得以平反……

经过无数人生砺炼的启功先生，不但在艺术上取得了非凡的成就，而且也在心灵上步入了大彻大悟之境，生命中充满着一种"身心无挂碍，随处任方圆"的大气和洒脱。

启功先生成名之后，便经常有人模仿他的笔墨在市面上出售。有一次他和几个朋友走在大街上，路过一个专营名人字画的铺子，有人对启功说："不妨到里面看看有没有您的作品。"启功好奇，大家就一起走进了铺子，果然发现好几幅"启功"的字，字模仿得也真够厉害，连他的朋友都难以辨认，就问道："启老，这是您写的吗？"启功微微一笑赞道："比我写得好，比我写得好！"众人一听，全都大笑起来。谁知说话之间，又有一人来铺里问："我有启功的真迹，有想要的吗？"启功说："拿来我看看。"那人把字幅递给他。这时，随启功一起来的人问卖字幅的人："你认识启功吗？"那人很自信地说："认识，是我的老师。"问者转问启功:"启老,您有这个学生吗?"作伪者一听,知道撞到枪口上了,刹那间陷于尴尬恐慌、无地自容之境,哀求道:"我实在是因为生活困难才出此下策,还望老先生高抬贵手。"启功宽厚地笑道:"既然是为生计所害,仿就仿吧,可不能模仿我的笔迹写反动标语啊!"那人低着头说:"不敢!不敢!"说罢,一溜烟地跑走了。同来的人说:"启老,您怎么让他走了?"启功幽默地说:"不让他走,还准备送人家上公安局啊?人家用我的名字,是看得起我,再者,他一定是生活困难缺钱,他要是找我借,我不是也得借给他吗?当年的文征明、唐寅等人,听说有人仿造他们的书画,不但不加辩驳,甚至还在赝品上题字,帮穷朋友多卖几个钱。人家古人都那么大度,我何必那么小家子气呢?"启功的襟怀比之古人,可以说是有过之而无不及。

据说毕加索也曾留下过类似的轶闻,可见,真名士是不怕别人"盗"的,其胸襟可比大海。

人称"国宝"的启功先生虽然是名人,但他最怕虚度时光,他常常提醒自己要在有限的生命时光中,做出更多的奉献。然而,常常有人慕名上门请求其写字作画,以致影响了启功的正常学习和研究,他又不便直接拒绝。因此,他在创作、研究或身体不适的时候,就在门上挂个牌子,上书"大熊猫病了",来者看到便禁不住莞尔一笑,虽吃了闭门羹,但仍感到轻松快乐。

启老有一次因病住院,医院向他的家人和单位发了两三次病危通知，许多人都为启老提着一颗心。启老醒来后诙谐地说："这几天在阎王殿里可没少喝酒，天天让我一醉方休。知道为什么吗？原来阎王想让我给他题字。他说，'启功，你的题字遍及全国，随处可见，由此可见你为人随和，气度非凡，本王也佩服不已，本王的殿堂牌匾日久，想用你的字换下来，以增地狱之辉，如何啊'。我可不想与阎王交朋友，本不想写，无奈阎王耍赖说，'你若不写，就不放你回阳世'。在阴间太久了，我怕大家为我担心，就只好应命了。阎王送我出来的时候还高兴地说，'我将为你增寿10年'。哈哈哈，字写得好，也能增寿啊！"听了他的话，大家都转悲为喜。第二天，启功的一个老朋友听说他住院了，就打电话过来问，启功接过电话慢慢地说："我已经'鸟呼'了。"对方不明白，启功又说："只差一点就乌呼了！"听了这话，对方和他身边的人，都哈哈地笑了起来。经历许多人生大喜大悲之后的启功，早已像一个得道的禅修者，放下了生死，放下了荣辱，心中充满自然无为的清澈和顿悟。

幽默是一种心境，一种状态，一种与万物和谐的"道"。

一次，一个朋友出于好心，给启功请了一个气功大师为他治病，治病前朋友曾告诉启功说，气功大师的功力如何如何了得。治疗的时候，气功大师把手压在启功的膝盖上，运气发功后，朋友问启功有什么感觉，启功并没有感到有什么异样，但他知道朋友是想让他说一些酸麻胀热之类的话，可是，他没有感觉啊？他不想拂朋友的好意，就装作挺认真地说："有感觉！我感觉到有一只大手捂在了我的膝盖上……"听了他的话，大家都乐不可支。

启功是名人，经常被邀请外出讲学，常常有主持人说："下面请启老做指示。"启功却接过话说："指示不敢当，因为我的祖先在东北，是满族，历史上通称'胡人'，所以在下所讲，全是不折不扣的'胡说'……"此语一出，便引来一阵笑声，一下子就把自己和听众的距离拉近了。

启功虽一生坎坷，备感人世艰辛和世态炎凉，但他却视金钱、荣誉以及地位如粪土，所以能宠辱不惊、处险不惧。66岁那年，可以说是他风头正健之时，过生日时，人们为他送上了许多敬仰之辞，他心中甚感不安，便挥笔为自己写下了一篇《墓志铭》：

"中学生，副教授。博不精，专不透。名虽扬，实不够。高不成，低不就。瘫趋左，派曾右。面微圆，皮欠厚。妻已亡，并无后。丧犹新，病照旧。六十六，非不寿，八宝山，渐相凑。计平生，谥曰陋。身与名，一齐臭。"

幽默的语言来自纯洁、真诚和宽容海涵般的心灵，是生命之中的波光艳影，是人生智慧之源上绽放的最美丽的花朵，是人们能够从你那里享受到的心灵阳光。幽默之魅力，如英国谚语所云："送人玫瑰之手，历久犹有余香。"

第十章 赢得人心的赞美接话术

赞美的话就是芬芳的玫瑰,虽然不必破费,却更能打动人心。

恰如其分的赞美,其实并不是件容易的事。如果称赞不得法,反而会遭到鄙视与误解。为了让对方坦然地说出心里话,必须尽早发现对方引以为豪、喜欢被人称赞的地方,然后对此大加赞美,也就是要赞美他最得意的地方。在尚未确定对方最引以为豪之处前,最好不要胡乱称赞,以免自讨没趣。

赞美初见者,怎样"get 到那个点"

人类喜欢被称赞之本性亘古流传,许多圣哲、名流都认同这个观点。但这有一个前提,就是你的赞扬必须真实可信,如果明摆着并非出自真心,那么不是对他人的讽刺,就是奉承。

然而,如何把握奉承与赞美的分寸,把恭维话说得恰到好处,着实是一门艺术。

对于初次见面的人,我们应该赞美对方的人品、性格,还是称赞他过去的成就、行为呢?

显然,初次见面就赞美对方"你真是个好人",显得不够真诚,即使是由衷之言,对方也容易产生"才第一次见面,你怎么知道就我是好人"的疑问。

赞美过去的成就或行为,情况就不同了,对既成事实的赞美与交情的深浅无关,言语的分量更重,对方也更容易接受。

初次见面时,赞美越直接越没分量。称赞与对方有关的事物这种"间接赞美",要高于称赞对方人品这种"直接赞美"。

赞美别人,如果恰到好处地抓住"那个点",是很难的，有时候完全是歪打正着。让我们看看这位先生讲述的自己的奇妙经历——

　　我和不少朋友的家人都相处得很好，其中与一位女士的友谊甚至比和她丈夫的友谊更为深厚，当然我们之间的关系绝不会使人产生误会。本来我只认识她的丈夫，那么我怎么成了她全家的朋友呢？我想起因可能是在与她初次见面的那次宴会上我随便说出的一句话。
　　当时，我被介绍给这位朋友的夫人，由于当时没有适当的话题，就顺口说了一句"您佩戴的这个项坠很少见，非常特别"，就是想以此掩饰当时的尴尬。我说这句话完全是无意的，因为我根本不懂女人的饰品。出人意料的是，这个项坠果然很特别，只有在巴黎圣母院才买得到，这是她的心爱之物。我随便说出的这句话，使这位女士联想起有关项坠的种种往事，从此我们便成了好朋友。

赞美是一种口德

管理学大师德鲁克有一句经典的话："所谓的英雄，也许就是沙场上战功卓著的将军和日常生活中经常醉酒后说粗话的凡夫俗子的结合体。"只要是人就会有优点，相应地，也会有缺点。

一个人之所以能够成为我们的上司，必有过人之处。比如一个笨嘴的上司获得成功，一定是因为他的心灵手巧；一个业务能力很一般的上司获得成功，他的管理能力一定不一般。如此想开了，许多人生的困惑就可以化解了。

其实，只要你先存着"三代以下无完人"的思想，包容他的短处，看重他的长处，可赞的"点"多着呢！

赞美是一种口德，虽然这个观点不一定会获得所有人的认可。

比如你赞美张三，并不欺骗大众，只是使大众注意张三的长处，也使张三了解自己的长处，因此而格外爱惜、格外努力，把优秀当成习惯。

所以，赞美并不是盲目吹嘘，并不是胡说，也要根据对方的实际情形来看。每个人都有短处，也都有长处。

清代思想家谭嗣同有一首流传很广的诗："骏马能历险，力田不如牛；坚车能载重，渡河不如舟。"意思是说：骏马能跨越艰险，但在田里干活就不如牛；坚固的车子能装载很重的东西，但渡河就不如船。

如果我们看待一个人，只着眼于其短处，看不见长处，把短处放大，把长处看得很平凡，那么我们往往就会觉得欲赞而无可赞之处。

根据规律，你赞人家，人家也来赞你。所以，赞美绝不是自惭形秽的行为。俗话说："人捧人，越捧越高，你也高，他也高。"这不是人己两利的事吗？

"捧"字好像有些不顺眼，其实"捧"就是赞美、是营销、是宣传。广告是企业家的"捧"，评奖是艺术家的"捧"，互相称赞才能让更多人了解自己。

不要吝于赞美

——她烧的菜特别难吃，我们也要"虚伪地"称赞好吃吗？

——她发型、衣着俗不可耐，我们也要"昧着良心"说她有品位吗？

一些人，特别是年轻人，总是很吝于赞美别人。实际上，在大部分情况下，我给你的建议是"YES"！这种貌似不合理的赞美，和诚实、正直并不会相互矛盾。不这样，则会影响到你和他人的关系。

说话的最高境界其实就是"好好说话"——不是曲意奉承，不是拍马屁，而是诚恳讨论、热心关怀，用最温暖的语句表达最真挚的心意。若是一颗豆腐心却带着一张刀子嘴，任谁也不敢多与你交谈。

有的人之所以不肯赞美人，第一是误以为捧人就是谄媚，有损自己的人格；第二是自视太高，觉得他人不配赞扬；第三是怕别人胜过自己，弄得相形见绌。我们要从根本上看清这些原因，用心研究赞美别人的方法，必然能领略到其中的益处。

《论语》中记载了一件尴尬之事，还是孔夫子自己的爆料。孔子说："事君尽礼，人以为谄也。"有时候，明明是一种礼貌，明明是赞美别人，可是却被误会成谄媚。

赞美的话，很多时候都是中听的，然而，却是一种需要拿捏分寸的说话艺术。

赞美需要判断后果及影响，判断赞美的话是不是符合当时的场景，符合双方的身份与关系；想一下自己的话说出去后有什么后果，有没有触犯什么禁忌等。千万不要弄巧成拙，让称赞的话听起来不顺耳。

没人不喜欢听赞美的话

马克·吐温说:"一句恭维,可抵我三个月的口粮。"

当然,人类喜欢被赞美的本性并不是他第一个发现的,许多圣哲、名流都讲过这个观点。

汲黯是汉朝有名的憨人,武帝是汉朝有名的贤君,汲黯说他"内多欲而外施仁义",武帝听后深觉不欢,汲黯也因此终身不得志。

恭维话人人爱听,最令人不可思议的是:越傲慢的人,越爱听恭维话,越喜欢接受别人的恭维。有的人义正严辞地说自己不喜欢听恭维话,愿听批评,其实这只是他的表象,如果你信以为真,毫不客气地批评他的缺点,他心里一定不痛快。表面上虽未必有所表示,内心却是十分不悦,这对于你与他的关系来说,只有削弱,不会有任何增进。

每个人都有希望,年轻人寄希望于自身,年老人寄希望于子孙。年轻人自以为前途无量,你如果举出几点,证明他的将来大有成就,他一定十分高兴,引你为知己。你若说他父亲如何了不得,他未必表现出多少兴趣,你说他是将门虎子,把他与他的父辈一齐称赞,才能让他心满意足。但是老年人则不然,他自己历尽沧桑,度过几十年的光阴,可能并未达到预期的目的,他对自己已经不太自信,不再有满腔抱负,他的希望已寄托给自己的子孙。你如果说他的儿子，无论学问还是能力都胜过他，真是后起之秀，他不会怪你，且十分感激你，口头上虽连连表示不敢当，内心却认为你是慧眼识英雄。可见，说恭维话时对对方的年龄特征，要特别注意。

对于商人，你如果说他学问好、道德好、洁身自好、乐道安贫，他一定不高兴，你应该说他才能出众、头脑灵活，现在红光满面，发财就在眼前，他听了才高兴。

对于做学问的人，你如果说他学有根底，妙笔生花，思维敏捷，宁静淡泊，他听了一定高兴。

世人皆爱被恭维，只要你的恭维话说得有分寸，不流于谄媚，不但无伤人格，而且会颇得人心。然而，这有一个前提，就是你的赞扬尽量要真实可信，如果明摆着并非出自真心，那么就会变成讽刺或者阿谀。

富尔顿·希恩大主教曾说过："赞扬就像薄薄的腊肠片，清爽可口，恰到好处；而阿谀则又肥又厚，令人无法接受。"

男女偏好不一样，赞美重点要区分。很多事情都能拿来称赞，比如对方的观点、工作态度、性格、言行举止等。

另外，可依照男女思维的特性，用心调整称赞方式——男性普遍会因为得到"社会认同"而开心，女性则会为"个人受到喜爱"而高兴。

对男人说："这个决定真是果断而明智啊！"接着再讲几句肯定他才能的话："真了不起，有能力的男人就是不一样啊!"这种简单的赞赏话语就能使男人雀跃不已。

对女性说:"你今天穿的衣服很好看!"紧接着再讲一句:"看到你这种气质优雅的女生,大家的心情都变好了。"对方听到之后觉得自己"受人喜爱",因而备感开心。

屡试不爽的间接颂扬法

德国的"铁血宰相"俾斯麦,为了要笼络一个与他作对的大臣,曾刻意对别人大加赞美这位大臣的长处,他知道那人听到之后,一定会把他说的话传到敌视他的大臣耳中。后来那个敌视俾斯麦的大臣听后感到意外,再经过几件事巩固感情后,那位大臣便竭诚效力于俾斯麦了。在各种恭维的方法中,这个方法算是最能取悦人的了,也是最有效的。

还有一种间接颂扬的方法。在克利夫兰当过律师,后任军事部长的贝克,曾在法庭上运用过这种方法。当他向一位外国后裔的法官陈述案情时,他貌似不经意,但很诚恳地说了一句关于该法官所属民族的谚语,由此,贝克很轻易地赢得了这位法官的好感。

这是一种简单有效的计策。如果某人很注重仪表,很有绅士及学者风度,且非常厌恶那些不拘小节、行为粗鲁、没有文化的人，那么，你可以当着他的面称赞他的家族多么有教养、多么勤勉持家、生财有道、崇尚教育等，此君一定会觉得非常喜悦。

美国总统威尔逊在争取成为民主党的总统候选人时，在两党大张旗鼓地推举自己的总统候选人之际，有家刊物不知是何用心，公开了威尔逊多年前写的一封信，信中表示他恨不得将某议员狠揍一顿，而该议员恰好在民主党内部有着举足轻重的地位。威尔逊对此信的公开发表非常愤怒，但他并没有由此对该刊采取法律行动，也没有立即采取任何行动去主动争取该议员的好感。不久，在华盛顿举行的某一次宴会上，那位议员也在座，威尔逊在演讲中对该议员关于教育的一项提案大加颂扬，并以此借题发挥，承诺这项提案将成为他就任总统之后全力推行的政策。几天后，威尔逊又和该议员相遇，该议员握着他的手，告诉他不必为那封信的事而烦恼。

"二手玫瑰"更芬芳

世界上的二手货多数都会贬值，偏偏赞美这种东西，却是增值的。

"送人玫瑰，手留余香。"赞美的话，就是玫瑰。虽然是一枝"二手玫瑰",对方可能反倒更加高兴,比他自己一味地说一些空洞的赞美,要可信得多了。

如果你不善于发现对方隐蔽的优点,更不能凭空捏造去赞美,那也不代表没有办法了。你不妨转述一遍从别处听来的、赞美对方的话。例如,"别人都说你……所以我今天特来请教",其效果就比自己说出来好得多。

而且,人们对自己背后的言语是十分敏感的,因为再自信的人也在乎别人的评价和看法,都希望自身的价值能得到客观的认可。

当你对一位女士一味地强调"我认为,我认为"时,即使她真的美如天仙,你的赞美也很难使她得到满足,因为她会怀疑你这是一种客套,仅仅是"甜言蜜语"而已。

如果你对一位刚刚相识的女人说赞美的话,千万别太主观地对她说:"你真漂亮哟!"而应该说:"我听朋友说过你很美丽可爱,今日一见,果真名不虚传。"或者说:"早就听人说我们(或你们)单位今年招了一位非常美丽可爱的女孩,原来就是你啊!而且比我想象的还要楚楚动人。"这样,她不仅容易接受,并且会因此对你的印象特别深刻。

如果你赞美的是位服务员,你不妨这样说:"听说这个店里有一位整条街都公认的最漂亮的女服务员……我一见到你便想,一定是你了。"这样的措辞,显然相当客观,还把所有公众的心声传给了她。她便会在心中想:"那些称赞的话是在说我吗?如果是说我的话,该有多好啊!"

她的那种兴奋与不安的心情可想而知。过一会儿，你可以再添上一句："真的是你，没错。"

女人，与其把你对她的赞美之词说上一百次，倒不如加上一句"大家都这么说"更有用，因为她们天生就渴望被认同。所以，百无一失的颂扬，应该是间接的。

如果有人告诉我们，某某人背后说了许许多多关于我们的好话，我们听了能不欣喜吗？这种赞美，如果当着我们的面说出，或许反而会使我们感到有些别扭，或者怀疑其诚意。

为什么间接听到的赞美，就听得非常顺耳呢？因为那无疑是发自内心的赞语。

此外还应注意，从第三者口中得到的信息可能在初次见到对方时才能起到重要的作用。接触时间长了，如果你将这些传言反复转述给对方，恐怕效果会越来越差。因为对于那些间接的赞美，或许他已经听腻了，如果你旧事重提，对方甚至会想："看！又来了！耳朵都起茧子了！"表面上也许付之一笑，内心却不由得生出一些轻慢。

赞美要得体、优雅

过度的恭维,就会沦为谄媚。在现实交往中,大凡向别人说出谄媚之词的人,总是抱着一定的投机心理,他们自信不足而自卑有余,无法通过名正言顺的方式来得到对方的赏识、表现自己的能力。而要达到目标,只好采取一种貌似不花力气又有效益的途径——谄媚。

赞扬源自荣誉心,荣誉心产生满足感,但是当人们发现你言过其实时,又会因此感觉受到了愚弄。所以,宁肯不去恭维,也不宜夸大无边。

孔子曰:"巧言令色鲜矣仁。"过于粗浅的溢美之词会毁坏了你的名声和品位,不论用传统交际的眼光看,还是用现代交际的眼光看,阿谀奉承都是一种卑鄙的行为。

如何说出得体、优雅的赞美之词呢?

第一,量体裁衣,突出优点。

即使明知对方讲的是奉承话,心中还是免不了沾沾自喜,这是人性的弱点。换句话说,一个人受到别人的夸赞,绝不会觉得厌恶,除非对方说得太离谱了。赞美别人,首要的条件是要有一份诚挚的心意及认真的态度。言辞会反映一个人的心理。所以,轻率的说话态度很容易被对方识破,而产生不快。

第二,乱戴高帽子,必然贬值。

一则寓言说,小偷看见狗从旁边走过,便不停地把小块面包扔给他,狗对小偷说:"你这家伙,给我滚开!你这种好意使我感到非常害怕。"小偷简直丢尽了自己的脸,连狗都骗不了。

对于不了解的人,最好先不要深谈。要等你找出他喜欢的是哪一种赞扬,才可进一步交谈。最重要的是,不要随便恭维别人,有的人不吃这一套。

如果今天一大早就有人夸你"衣着得体、非常漂亮、有精神",那么你一天的学习、工作状态一定会很好吧,看来小小的一句赞美可以迅速拉近人与人之间的距离,得到别人的喜爱,也可以给人信心、快乐。

要赞美他人,先要选好对应的话题,不可过分夸张,更不能无中生有。对于青年客户,要赞美他年轻有为,敢于开拓;对于中年客户,要赞美他经验丰富,见多识广;对于知识分子,要赞美他知识渊博,刻苦钻研;对于商人,要赞美他头脑灵活,发财有道……这些都是恰如其分的,如果赞美一位中年妇女活泼可爱、单纯善良可能就会不伦不类,弄不好还会换来一顿臭骂。

要赞美他人,就要善于体察人心,了解对方的内心需要,有的放矢。比如营业员与顾客在商品质量、价格等方面争执不下时,营业员改换话题,称赞这位顾客真有眼光,这衣服款式是最新的,面料也好,特别畅销。再夸她能说会道,真会讲价,我们店里从未卖过这么低的价钱。顾客一定不好意思再争下去，说不定很快就买下来了。看吧，人的心理就是这么奇怪。

要夸赞别人，应有一种"战无不胜"的信心。人都是有弱点的，再谦虚，再不近人情，再标榜不喜欢听甜言蜜语的人，其实都喜欢别人的认可和赞美，只要做到恰如其分就好。

赞美的话不能过多，多了对方会不自在，觉得你是虚情假意、花言巧语，因此不再信任你。赞美过多也不利于交谈，在谈话中频频夸对方"好聪明""好有能力"，对方频频表示客气，谈话往往无法顺利进行。

赞美对方本身不如赞美他的成绩。比如，赞美对方容貌就不如赞美他的品位与能力，因为容貌是天生的，爹妈给的，无法改变，而品位与能力是自己后天养成的，更能表明他的价值，是自身的成绩。

赞美的话要有新意。不要总空洞无物地夸对方"好可爱""好聪明"，应当有自己的看法与见地。夸别人身上的衣服好看，就不如夸她的上衣与裙子的搭配非常巧妙，整体效果好。

陌生人刚见面时，可以先恭维他的名字有新意、有内涵，以此拉近距离，展开对话。这种方法可以让人觉得你很友好，很重视他，愿意和他交谈。

请留心对方的反应，当对方对你的赞美显得不自在或不耐烦时，就要适可而止了。

第十一章 化解冲突的柔性接话术

西方有句名言:"说话浮躁,如刀刺人,智慧人的舌头,却是医治人的良药。"要掌握柔性沟通和对话的技巧,最重要的原则是包容和同理心——包容和自己不同的见解,将自己放到对方的位置,理解对方的处境。这是我们在面对这个飞速发展变化的世界所能拥有的最大善意。

让你说出的 NO 像 YES 一样悦耳

情商高的人,知道他人的界限,又会恪守自己的底线,同时又把这一切做得自然圆融。经典电影《教父》中有一段台词:"当你说'不'字时,你得把'不'字说得听上去就像'是'字一样悦耳。"

这种境界,可以说是情商的最高境界了。还有一种办法,可以达到同样的效果,那就是设法让对方亲口说"不"字。说"不"靠的不仅仅是技巧,还有温柔而坚定的态度,就算全世界的道理都在你手里,你也要保持委婉、耐心、善意。

在某场"五月天"乐队的专场演唱会上,歌手唱完最后一曲,把气氛推向了最高潮。

观众意犹未尽,齐声呐喊:"继续唱,唱到天亮为止。"

盛情难却,乐队又唱了三首,在第三首歌唱到一半的时候,主唱阿信说:"我在舞台上,发现有一个荧光棒很特别,与众不同。那个荧光棒是红色的,一直没有变色。"

观众面面相觑。

阿信接着说:"我再仔细一看,才发现原来那是安保人员的指挥棒。"

大家都笑了。

阿信说:"天气这么冷,感谢这些安保人员,谢谢他们陪我们。我不确定他们愿不愿意陪我们延时加班,希望他们赶快回家洗一个热水澡……"

这时的观众也被感染了,在掌声中纷纷起身。

阿信展现了超高的情商,不仅婉拒了延时到天亮的不合理请求,而且能激发观众体恤他人的同理心。这除了需要对人性有深刻的洞察,还需要付出耐心和爱心。

化"尖刻的指责"为"真诚的关切"

——除了会打网游,百事不成,废材一个!

——天天不忘喝四两猫尿,就是个酒囊饭袋!

——不思进取!金山银山也不够你败的!

当我们"恨铁不成钢"地责问亲友、同事的时候,可曾体会过对方的感受?尖刻的指责有时并不能起到规劝效果。

正所谓"爱之深,责之切"。正是因为亲近,我们常常在质问他们时,忽略了"爱"的传达。

于是,你越是关心他,他就"反弹"得越厉害,甚至暴跳如雷,与你对抗,因为你侵犯了他的尊严。

能否把尖刻的指责变成真诚的关切,倒退几步来提问?

——是不是在学校不开心?所以才想上网打游戏,来排解压力?

——那件事一直让你难以释怀吧,一直这么借酒浇愁,会不会让自己的身体越来越差?

是不是这件事令你特别痛苦,所以才想逃避现实?

这样,即便是假设的推断,对方也不会那么抗拒,因为他知道你是在关心他,而不是审讯他。

曾流行着一首歌,歌词中有一段是这样写的:"明知是错,但却也改不过来。"这首歌的内容是描述一个工薪阶层的人贪恋杯中之物,已到了毫无节制的地步,经常喝得烂醉如泥,有时候甚至还在车站过夜。他知道这样做对身体有害,但就如歌词中说的,"明知是错,但却也改不过来"。

虽然有的人还没达到像他一样在车站过夜的程度,但像这样的人在社会上也的确存在,他们心里也感到非常痛苦,无时无刻不在受良心的苛责。此时,你若根本不体会他的内心感受,反而一本正经地作出尖刻的指责,这样会使他产生什么样的心态呢?即使旁观者是出于好意,却不为对方接受,对方非但不会改过,反而变本加厉。所以,这种劝解方式,一开始就注定会失败。

譬如,某公司一位职员经常迟到,上司若是当面对他说:"你到底打算怎么样,公司并不是你一人的,不能想怎么做就怎么做，你这么做已将公司的秩序搞乱了，你要好好反省反省。"

与其这么说，倒不如抓住对方的内心感受说："我想你内心必定也认为迟到是不对的，是不是家里有什么困难？如果有需要公司帮忙的地方，请一定告诉我们。解决这些难题，你才能安心工作啊。"

谁都希望自己能为上司所赏识。如果你的言语刺伤了他的自尊心，即使说得再多，他也无动于衷；相反，若能先肯定对方，之后再伺机说出自己的意见，比任何一种威胁的话都来得有效。

若是想让对方接受你的劝解，不妨用"我想你心中也肯定这样想"这句话来引导他。

骑马的最好方法是顺着它的方向跑

很多时候，与其开门见山地讨论主题，倒不如先天南地北地闲谈，解除对方心理的戒备，然后偷偷地带上主题，使对方在不知不觉中认同你的观点，而达到我们的目的。

有一家电器公司的推销员挨家挨户推销洗衣机，当他来到一户人家，看见这户人家的太太正在用洗衣机洗衣服，就忙说："哎呀！这台洗衣机太旧了，用旧洗衣机是既费水又费电，太太，该换新的啦……"

结果，不等这位推销员说完，这位太太马上就生气了，驳斥道："你在说什么啊！这台洗衣机很耐用的，到现在都没有故障，新的也不见得好到哪儿去，我才不换新的呢！"

过了几天，又有一名推销员来拜访。他说："这真是一台让人怀旧的洗衣机啊，因为很耐用，所以对太太有很大的帮助。"

这位推销员先站在这位太太的立场上说出她心里想说的话，使得这位太太非常高兴。于是她说："是啊！这倒是真的！我家这台洗衣机确实已经用了很久，看上去是太旧了，我倒想换台新的洗衣机！"

于是推销员马上拿出洗衣机的宣传手册提供给她作参考。

这种推销说服技巧，确实大有帮助，因为这位太太已经产生购买新洗衣机的决心。至于推销员最后能否成交，只不过是时间长短的问题了。

善于观察与利用对方微妙的心理变化，是帮助自己提出意见并说服别人的要素。

例如，当你感觉到对方仍对他原来的想法持保留态度，其原因是尚有可取之处，所以他反对你的新提议。此时，最好的办法就是先接受他的想法，甚至先站在对方的立场发言。

"我也觉得过去的做法还是有可取之处，确实令人难以放弃。"你先接受对方的立场，说出对方想讲的话，为什么要这样做呢？因为当一个人的想法遭到别人的全盘否决时，极可能为了维护尊严或咽不下这口气，反而更倔强地坚持己见，排斥反对者的新建议。

如果局面到了这地步，成功的希望就不大了。

一般来说，被说服者之所以感到忧虑，主要是怕"同意"之后，会发生意想不到的后果。如果你能洞悉他们的心理症结，并加以化解，他们还有不答应的理由吗？

至于令对方感到不安或忧虑的一些问题，要事先想好解决之道，以及表述方法，一旦对方提出问题时，可以马上说明。如果你的准备不够充分，讲话时模棱两可，反而会增加对方的不安。

所以，应事先预想一个能够引起对方思考的问题，此外，还应准备充分的资料，给对方提供方便，这是相当重要的！

俗话说得好，"骑马的最好方法是顺着它的方向跑"。只有先顺着马的方向跑，才能有机会慢慢地驾驭它。强硬地让马调转方向只会让自己筋疲力尽，还可能惊了马。同样，我们想说服别人，不能使用蛮力，只能有技巧地改变他的想法。

对朋友的客套适可而止

显然，对朋友过于客气，那就显得见外了。

假如你到一个朋友家里，你的朋友对你异常客气，你每说一句话，他都会唯唯诺诺地回答，和你说话时，总是满口客套话，唯恐你不高兴。如此一来，你一定觉得如针芒刺背，坐立不安，终于逃了出来，才会如释重负。

这种情形如果很多，你就得想想，你是否也如此对待过你的朋友？

虽然是客气，但这种客气显然是令人痛苦的。开始会面时的几句客气话倒不成问题，若继续说个不停就太不妥当了。谈话的目的在于沟通双方的情感，增加双方的了解。而客气话，则恰恰是横阻在双方中间的一堵墙，如果不把这堵墙拆掉，人们只能是隔着墙，做着简单的敷衍应答而已。

朋友初次会面，略微客套后，第二次、第三次见面就应少用"您""阁下""府上"等敬词，如果一直用下去，真挚的友谊势必无法建立。

客气话多用来表示恭敬或感激，不是用来敷衍朋友的，所以要适可而止，多用就会流于迂腐、浮滑、虚伪。有人帮你做了一点小小的事情，譬如说倒一杯茶，你说"谢谢"，也就够了。要是说出一大串的感谢语，你在旁边听着也会觉得不舒服。

说客气话的时候要充满真诚。像背熟了的成语，行云流水般"泻"出来的客气话，最易使人讨厌。说话时态度更要温雅，不可表现出急促紧张的神情。还有，说时要保持身体动作的协调，过度的鞠躬作揖、摇头摆身的客气动作，并不雅观。

把对朋友太过客气的话改为坦率诤言，你一定可以享受到友谊之乐。对平时你从来不会表示客气的人们稍微客气一点，如家中的亲人、你的孩子、商店的伙计、计程车司机等，你一定会收到意外的好处。

过分的客气话也有妙用，在一个朋友家中，这是使主人窘迫的好方法，而当你是主人时，那又是最好的、最高明的逐客方法。如果你怕朋友们到家里干扰你，拼命跟他说客气话好了，临走勿忘请他有空再来，你知道他绝不会再来的。

说客气话应该注意哪些事情

——要言之有物。这是说一切话所必具的条件。与其泛说"久仰大名、如雷贯耳"，不如说"您上次主持的冬季救灾义演晚会成绩之佳，真是出人意料"。至于恭维别人生意兴隆，不如赞美他推销产品的能力，或赞美他的经营理念。请人"指教一切"是不行的，你应该择其所长，请他集中指教某一方面，如此他一定高兴得多。

——缺乏真诚的刻板的客气话，必不能引起听者的好感。"久仰大名、如雷贯耳""贵店生意一定发达兴隆""小弟才疏学浅，一切请阁下多多指教"……这些缺乏感情的、完全是公式化的恭维话语，若从谈话的艺术角度来看，是需要加以改正的。

从某种意义上说，客套也是一种艺术，是一种沟通力。

第十二章
真心尊重是唯一的原则

有位资深媒体人回忆她做电视台实习生期间，曾经跟随一位经验丰富的前辈，一起去采访一位女企业家。

这位女企业家相当难接触，采访期间提了不少苛刻要求。特别是摄像师，都不知道被她否定了多少次，现场的气氛一度非常尴尬。

这位前辈并没有和这位受访者争论，而是和颜悦色地安慰这位女企业家："您可能有点紧张，不要紧，慢慢来。"

原来，女老板的颐指气使，其实是在遮掩自己的紧张。这位女企业家被人说中了心思，竟也面露羞赧。

女企业家的态度渐渐配合起来，采访也得以顺利完成。临走时，女企业家非常热情，还带记者参观了自己的工厂。

后来这位媒体前辈说："别人说我情商高、有技巧，其实，一千个所谓的技巧，比不上你真正尊重采访对象的一秒。"

表达你的真诚

有位汽车业的经纪人,根据多年的工作经验观察分析推销的成功率,是"滔滔不绝,卖瓜且自夸者三;沉默寡言,虚心求教者七"。他指出许多业务员,凭借三寸不烂之舌,想从正面说服顾客,其成功率仅三成而已。至于那些能够控制自己的谈话时间,耐心地聆听顾客的批评或建议,然后谦逊有礼地提出改进之道者,必能赢得顾客的好感,其成交的比例也就高达 70% 以上了。

一位顾客走进一家电器商场,一台音色纯正、低音浑厚、震撼力强的音响引起了他的注意。这时一位男售货员热情地迎上来,满脸职业微笑,主动介绍这款新产品。他的介绍很专业、很流畅,从性能优势到结构特点,从性价比到售后服务,一边道来,一边进行演示。

这位顾客被售货员热情而熟练的介绍所感染,对产品产生了几分好感。本想再问点什么,可是售货员连珠炮似的讲着,顾客总也插不上嘴,售货员不管那位顾客懂还是不懂,也不管那位顾客反应如何,喋喋不休地讲下去。此时,那位顾客心里已有几分不悦了,特别是当售货员提高自己的品牌而贬低其他品牌时,顾客不免对他的动机产生了疑问,如此夸夸其谈之后,产品性能是否果真高超?顿时,这种疑虑把先前产生的好感一扫而光。只是出于礼貌不好意思走开,幸好这时又来了一位顾客,那位顾客乘机"逃"出了商场。不用说,那位售货员会为他白费了口舌,自然地有几分失望和怨愤。

为什么售货员滔滔不绝地介绍,反而打消了顾客的购买欲望呢?其实这种抗拒心理,不是对货物有所抗拒,而是售货员在销售过程中的僵硬术语,让人越听越烦,这是个值得深思的问题。

大量事实证明,说话的魅力并不在于你说得多么流畅,不在于滔滔不绝,而首先在于是否善于表达真诚!最能推销产品的人,并不一定是口若悬河的人,而是善于表达真诚的人。当你用得体的话语表达出真诚时,你就赢得了对方的信任,建立起人与人之间的信赖关系,对方也就可能由信赖你这个人,而喜欢你说的话,进而喜欢你的产品了。

与人交谈时要保持充分的敬意

曾经有一位销售高手讲,即便是在家里与客户打电话的时候,他也会穿上正装。他解释道,言为心声,我们的措辞,会在无意中流露我们的真实态度。即使是在自己家里，通过电话与客户说话，我们也应该表现出该有的敬意。

如果和人见面只是彼此交换名片而已，这样给对方留下的印象就不会太深刻，所以经常会有第二次见面时，再次交换名片的现象。

为了避免这种情况的发生，就要做到一见面就给对方留下深刻的印象，在见面时应全神贯注，把自己的身影刻在对方的脑海里，使之牢记不忘。

在与人交谈时，可适当运用眼神、眉毛、嘴角等部位在形态上的变化，来表达自己对对方所言的回应与配合，从而充分表达自己的敬意，并为积极融入交谈而做好最充分的准备。此外，还应注意修炼自己的音色，不要过于尖锐，而且要熟练掌握与运用传统文化中的敬语谦辞。

初次见面说久仰，看望别人说拜访。
请人勿送用留步，对方来信用惠书。
请人帮忙说劳驾，求给方便说借光。
请人指导说请教，请人指点说赐教。
赞人见解说高见，归还原物叫奉还。
欢迎购买叫光顾，老人年龄叫高寿。
等候客人用恭候，接待客人叫茶后。
客人来到说光临，中途要走说失陪。
送客出门说慢走，与客道别说再来。
麻烦别人说打扰，托人办事说拜托。

与人分别用告辞，请人解答用请问。

接受礼品说笑纳，好久不见说久违。

与人交谈时除注意语言美、声音美之外，姿态美也很重要。一些肢体语言，可以透露出我们的敬意。比如，在正式场合与人会面交谈时，身子要适当前倾，不能一开始就将背部靠在椅背上。就座时，不可以扭扭歪歪，双腿不宜叉开过大。

一言蔽之，在与人交谈时应当体现出以诚相待、以礼相待、谦虚谨慎、主动热情的基本态度，而不能让人感觉你是在逢场作戏、虚情假意或应付了事。

让对方产生亲近感的技巧

多与对方谈自己的艰难经历。假若他发现你与他的命运相近，甚至比他还坎坷时，其戒备心很快会解除，顿时产生了亲近感。

歌星北岛三郎和职业棒球选手江川卓，这两个人同时成名，又同时购置了一栋豪华住宅。可是人们对二人的评价却截然不同。他们夸赞北岛三郎有办法，购置了豪华的住宅，而对江川卓的房子感到惋惜，认为他与房子不相配。

为什么会有这样大的差异呢？这或许是因为北岛先生从小吃尽苦头，经过很多艰难困苦，才取得今日成果的缘故吧！因此，人们对他不仅怀有亲切感，而且对他艰苦奋斗的经历也十分了解。而江川卓却没有这样的经历，几乎是青云直上，因此才会遭他人的讥讽和误解。

　　日本前首相田中角荣很有人望，除了他领导有方、才华横溢、政绩卓著之外，恐怕与他的经历不无关系，他出生于农民家庭，经过多年的奋斗，才当上主政全国的首相。他的艰苦奋斗的历程，得到了人们的同情。由此观之，人们的感受常常受到过去某些体验的影响。虽然对方比自己的职位高，可是一旦得知对方过去的不幸遭遇或者他的遭遇与自己大体一致时，原来对他的忌妒心，很快就会转变为亲密感。

　　一般人对那些出身名门，各方面条件优越，并且经历一帆风顺的人，只有疏远感，但没有嫉妒心。但是对于那些经历与自己相仿、才能与自己相当的人，若他突然遇到好机遇，一跃龙门，就会产生忌妒感，甚至埋怨老天爷不公平："为何他有这样好的运气，而我却没有呢？"然而，对于那些经历坎坷，屡遭不幸，通过巨大的努力和艰苦奋斗才获得成功、出人头地的人，会同时产生同情心和亲密感。

　　总的说来，艰苦的经历，悲惨的命运，很容易唤起人们的同情心，缩短双方的距离。

记住他的名字

尽管吉姆·弗雷德只有小学学历，可他在46岁之前，已经有四所学院授予他荣誉学位，并且他还成了民主党全国委员会的主席、美国邮政总局局长。

弗雷德成功的秘诀在哪里呢？原来，他有一种记住别人名字的惊人本领。

吉姆·弗雷德10岁那年，父亲就意外丧生，留下他和母亲及两个弟弟。由于家境贫寒，他不得不很早就辍学，到砖厂打工赚钱贴补家用。他虽然学历有限，却凭着爱尔兰人特有的热情和坦率处处受人欢迎，进而转入政坛，最后还担任了邮政总局局长之职。

有一次，有人问起他成功的秘诀，他说："辛勤工作，就这么简单。"那人有些疑惑地说："你别开玩笑了！"

他反问道："那你认为我成功的原因是什么？"

那人说："听说你可以一字不差地叫出一万个朋友的名字。"

"不，你错了！"他立即回答道，"我能叫出名字的人，少说也有五万。"

姓名是一个神奇的语言符号，人们如此看重它，是因为它包含着特殊的意义。姓名与本人的尊严、地位、荣誉、心理，以及彼此间的感情、友谊紧密联系在一起。

甚至可以说，名字就是你，你就是那个名字。这一点在交际中表现得尤为明显。当人们的名字被遗忘、被搞混，不管有意无意都可能带来不良的影响，轻者让对方心理上反感，拉开彼此的距离；重者会影响彼此的感情，损害人际关系。

因此，在与人结交的时候，我们至少应记住他人的姓名、职务，见面时能道出其名、其职。这样做，一方面是出于礼貌，表示尊重；另一方面又是珍视感情的表现。

从一定意义上说，记姓名是一种简单而有效的感情投资。记住他人的姓名就等于把一份友谊深藏在心里，记忆时间越久，情谊就越深，如同一瓶陈年好酒，越放就越醇。在交际中记住对方的姓名，对方必定能从中体验到你的深情厚谊，感受到他在你心目中的位置，进而增加对你的亲切感、认同感，加深彼此的感情。

我们应该注意一个名字里所包含的"奇迹"，并且要了解名字完全属于与我们交往的这个人，没有人能够取代这个位置。名字能使人出众，也能使一个人在多人中显得独立。我们所需表达的要求和我们要传递的信息，只要从名字开始着手，就会显得特别重要。

有的老师之所以能够在初次与学生见面时，叫出他们的名字，其实并没有什么神秘方法。他会预先下一番别人不肯下的功夫——把学生的照片反复辨认，把许多学生的照片，作为一本有趣的新书来读。连续几天，把所有的照片全都记住，每个人的面貌都印在他的脑子里，与普通熟人一般无二。所以，初次见面时，不待问清姓名便可自然地叫出对方的名字来，使得被叫之人不由得大吃一惊。

但是，普通人通常不肯下这种烦琐而乏味的功夫，实际上，你要熟记陌生人的姓名，从照片上认清相貌，同时与姓名一齐熟记，是容易办到的事。比如有一张团体照片，你有意熟记照片上的人，相信每天只要花十分钟工夫，不到三五天就可以完全认识。

表达善意是友谊的开始

每天在汽车上，在电梯内，在行走中，当我们开口与擦肩而过的人们谈话时，你是否意识到你们的友谊可能就在此时开始产生了呢？这种体验也许你也曾经有过吧。

毫无疑问，沟通的最好形式就是语言。通过语言可以表达我们的善意，可以激发对方的好感。当你说话时，如果能使对方谈他感兴趣的事情，就表示你已经很巧妙地吸引了对方。此时，我们再以问答的方式诱导对方谈论他个人的生活习惯、经验、愿望、兴趣等问题。

对方如果对你的问题有兴趣，自然乐意叙述自己的一切，而你不就成了他的听众了吗？对方会因为你那关怀备至的态度而开怀畅谈，甚至会因此对你表示出崇敬之意。

就拿我们每个人来说吧，如果有人肯接纳你，听你阐述你的人生观，或向你请教一些与工作或学业相关的专门问题，你就会对他表示好感，这就是所谓的人之常情。能善于利用这种人之常情的人，才算得上是一个聪明的人。

仅仅几面之交，就想与对方成为亲密朋友的最好方法，就是多跟对方交谈。我们知道，一个人最愿意谈论的，而且也是最关心的话题，莫过于他个人的一切事情。只要你肯花一点时间，让对方畅所欲言地叙述他自己的事情，那么他就有可能成为你的莫逆之交。

美国纽约市凤凰人际关系协会的专家学者哈利·N. 赫歇尔先生曾说过，他在日常生活中，觉得最感兴趣，也是最有意义的一件事就是跟别人交谈。为此，他细述道："常常有人来向我请教，问我如何与在吃午餐时所碰到的或是在旅馆门口以及旅行车上遇到的人说话。我对他们说，在双方互道一些例行的客套话之后，可以客气地问对方，'请恕冒昧，可以问你从事哪一种职业吗'，如果对方乐意回答，便可以进一步地问他，'可以告诉我，究竟是什么原因促使你从事这种职业呢'。关于这个问题，大部分人都会回答，'唉！说来话长……'这么一来，我们不就很自然地成了他的听众了吗？而对方因为有人愿意听他讲话，自然会侃侃而谈了。"

用"咱们"代替"我"

诗人但丁曾言,使人们受益良多的,是用"我们"代替"我"。

自古以来出现过不少有名的演说家在演说时与听众打成一片的现象,譬如当他举起拳头时,成千上万的听众也同样举起拳头同仇敌忾,很多政治家都属这类人物。

为什么他们的演说能让听众的心紧密地团结在一起?其秘诀在于他们所使用的言词和所持的态度,他们抓住了听众的共同意识。为了达到这一目的,他们在演说中更是频频使用"我们""我们大家"等字眼,以表示这些内容都与你我众人息息相关。所以,只需简单的几句,即可让大众的心聚拢在一起,使人人都有"命运同一"的意识。

这就使听者感觉到,这是我们大家共同的事情,并非某一个人的事情。

由于每个人的内心都或多或少存有潜在的"自我意识",所以都不愿意受到他人的指挥。如果他认为你是在说服他时,他的自我意识会变得更为强烈,就更不易向你妥协,即使你说得天花乱坠、头头是道,在他看来你只是在为自己的个人利益而作的一场表演而已,更谈不上听取你的意见了。

如果此时你能使用"我们"这一词语,就会立刻使人认为你我利益一致，于是原本强烈戒备心也会慢慢消融，听众便会不知不觉中了接受你的观点。

尤其是男女之间的交往更需要注意，不可说"我和你"，而必须使用"咱们俩"，让对方更能产生你我一体的共同意识。

第十三章 打圆场、下台阶的接话艺术

接话巧妙的另一个表现，就是善于为人打圆场、铺台阶。尽管贴金抹粉人人乐为，可令人鄙夷之事，相信没有人愿意让人传扬。如果在交际中，注意为人化解尴尬、遮盖羞处、瞒住隐私，别人便会对你感激不尽，也会时时记得还你一份情。

如何为人"打圆场"

张三在一个建筑设计师事务所工作,大学毕业后,很快便取得了一级建造师的资格,是一个有才干的人。

某日,张三和两位上司到客户那里洽谈项目,对方除负责此事的一位董事外,还有两位部长出席。当天是第一次见面,目的在于摸清客户的意向。

双方在会客室站着交换名片。这时,张三的名片夹里有一样东西掉在桌上。突然,张三发出一声"啊",脸上露出一副狼狈的样子,其他人也屏息噤声。掉在桌子上的东西,竟然是一块儿童饼干!

张三慌慌张张地捡起来,然后战战兢兢地看着对方董事的脸色。

"哈哈,没想到你们的业务骨干还是一个超级奶爸啊,跟这种有责任心的人合作,让我们很放心啊。"对方面带微笑地说。事后的商讨就在笑声和亲切感中完成了。

从儿童饼干推论到责任心,可能会有一些牵

强,可在当时的情形下,却起到了好的作用。为了缓解现场的尴尬气氛,说出一个无伤大雅的推论,又有什么大不了的呢?

在社交中,谁也不可能预料和掌控一切。例如,也许你没想到和你打交道的人是与你有过结的人或者是你竞争对手的朋友,也许你没想到对方虽是四川人却不太喜欢川菜,也许突然说错了话,等等。这些都会让人有些尴尬。这时候,原来所准备应付的情况全变了,一时免不了有些失态,这种场合下的遮羞是非常必要的。

一个人化解尴尬的能力当然是以人生经验为基础的,经过多次实践,就会变得老练精明。与此同时,应变能力也反映着一个人的机智和修养。只有处世功底深厚的人才有可能在情况突然发生变化时化险为夷,化拙为巧,使自己摆脱尴尬境地,并在交际中取得良好的效果。

善于打圆场者,通常能做到以下几点。

第一,无论出现什么情况,都能保持高度的冷静,使自己不失态。例如在一次商务谈判中,对方在谈到价格时突然说出了你们的一个秘密,说你给某公司的价格很低,而给他们过高,这实在是太欺负人,等等。贸易伙伴这样直言不讳,是很伤面子的。如果你不冷静,情绪过分紧张或者激动,很可能应付不了这个局面。接下来或者承认事实,或者愤怒争辩,拼命否认,很可能当时就不欢而散。

但是，你如果很冷静，可能会很快找出理由，比如价格低并不保证退换维修，某些零部件没有运用新材料新技术，或者在付款形式、供货期限、质量保险等方面有不同。反正你总能找出合适的理由来挽救局面，为自己公司的销售行为找到体面的说法。

第二，在任何情况下，都能够"打圆场"，淡化和消解矛盾，给自己和对方找台阶，使气氛由紧张变为轻松，由尴尬转为自然。在很多时候替别人解围比为自己掩饰更重要，一方面表示自己对对方的理解和尊重，另一方面也给自己留下了余地。

第三，能巧妙地转移话题和分散别人的注意力。有些人说错了话或者做错了什么事，除了能迅速承认错误之外，还能巧妙地转移话题，把别人的注意力吸引到其他方面。比如用幽默或玩笑的方式转移目标，把关于某人的事扯到某种事物上面，把令人紧张的话题变成轻松的玩笑等。

给对方一个台阶

不幸的家庭千奇百怪，幸福的家庭却都有相似之处——必有一个善于沟通协调的成员。让我们来看几个生活场景吧。

比如，情侣之间吵架了，女方一般愿意妥协，又不愿意在嘴上落了下风，往往会通过一些小事情暗示男朋友："我已经不再生气了。"比如，即使说生气，依然给男朋友做饭。这等于告诉男朋友，我自己生气和爱你完全是两回事，即使我很生气，但是我也很爱你，会照顾你、体贴你。这种爱的暗示，"能把百炼钢，化作绕指柔"，会促使男朋友回心转意，愿意深入沟通。这其实也是给男朋友一个台阶。暗示他、引导他，给他台阶下，聪明的男生都会好好地和女朋友聊一聊他的想法，把一次吵架转化为一个增进了解的契机。

丈夫即使天天洗澡，身上也是油腻腻的。床单上他睡过的地方最脏，他擦过脸的毛巾最黑。真是应了贾宝玉的一句话，男人是泥做的。于是妻子对丈夫的一身"泥"非常苦恼。床单是不能单独给他铺了，毛巾就单独给了他一条。可丈夫不自觉，总爱随手乱用。某次被妻子瞧见，妻子赶紧大吼一声："住手！那是我的专用毛巾！"丈夫烦了，回敬妻子："好，好，咱家什么都成你专用的了！"妻子不甘示弱，反驳说："胡说！咱们家除了我的衣服你不能穿，是我自己专用的，还有啥？"丈夫睁大了眼睛把屋子环视了一圈，最后他笑了，拍着自己的胸脯对妻子说："我呀，我是你专用的老公！"

婆婆奉承儿媳："你说得太对了，简直是200%的正确！"儿子惊叹："妈妈虽然是文化程度不高，居然还知道

200%比100%还要大！"儿媳开心，婆婆也颇得意。

丈母娘跟老岳父斗气，威胁要在春节期间离家出走，女婿半认真地替丈母娘分析可行性："做中国第一个登月宇航员吧，否则，很快会被我们找到。不过，杨利伟上天又返回地球了，你恐怕也躲不了多久——"丈母娘听后也不禁转怒为乐了。

妻子同丈夫怄气，饭后越说越气，丈夫只好躲进厨房百年不遇地洗一次碗。当时妻子手上拿了两个碟子，一气之下摔向地面，一个粉身碎骨，另一个完好无损。丈夫闻声冲出厨房，见状狂喜："太好了，我可以少洗一个碟子了！"

新电话号码末尾是3835，妻子总觉得不舒服，反复思考，告诉丈夫："我觉得好难听，就像傻爸傻我一样。"丈夫惊曰："怎会如此想，这是'升爸升我'嘛。"妻子又见一车牌号末尾14，大叹差劲，谐音是"要死"啊。丈夫解之："非也，唱歌时4不是发吗，这是'都发'的意思。"如此妙语，让家庭充满欢笑。

演说家麦克法伦在演讲结束之后，喜欢让听众提出问题。有一回，一个人拥到台前，说是要提个问题，实际上他是想发表一番演说，他讲了五分钟还不想收尾。当他滔滔不绝地讲完之后，麦克法伦问他："能不能请你把问题再重复一遍？"这句解围的话使全场哄堂大笑，一件不愉快的事情就这样过去了。

拒绝的"缓冲垫"

你是否有过这样的体会,一个人在提出自己的意见后,一旦遭到全盘否定,其自尊心往往会使他采取顽固坚持的方法。这种心理反应会极大地阻碍谈判的顺利进行,因此不论在什么情况下,都应当尽可能地避免上述现象的发生。

相反,一个人在提出自己的意见后,一旦受到某种程度的肯定和重视,人的自尊心理会引导心理活动形成一种兴奋优势,这种兴奋优势会给人带来情感上的亲切体验和理智上的满足体验。这种体验一旦出现,就会有利于纠纷的调解,使争执双方的意见达成一致。

根据上述理论,在拒绝对手时,先说"是的",表示同情和理解,创造一种较为融洽的沟通氛围。在缩短双方的心理距离后,再讲"但是"。由于你对对手的某些看法大加赞赏,对手自动地停止了自己的讲话,他含着笑、点着头,专心地欣赏你对他观点的肯定和发挥。这时,在他眼里,你是与他站在一起的,对立已经不存在了。尽管你也在赞扬的意见里表达了不同观点,那也会变得"好商量"。

《权力营销如何使我在六小时内成功》一书的作者皮尔斯·布鲁克博士曾列出两种"是的,……但是……"拒绝方法的参考句型:

是的,我能理解为什么事情会那样,但是……

是的，你在那件事上的做法当然是正确的，但是，另外一方面……

这些基本句型可以有许多变化，如：总的来说，您的看法是对的，如果……

你没错，你完全有现由这样说，假使我站在你的位置上，我也会这样说，但……

对你的看法我也有同感，问题在于……

掌握了这些拒绝的缓冲技术，拒绝就不再难以启齿，拒绝的效果如同接受的效果——依然是心平气和。

成人世界是如何说"不"的

在成年人的世界，没有明确的回应就是拒绝。

直接说"不"就难免会"伤害"对方。如何把"不"字说得听上去就像"是"字一样悦耳，这是一门艺术，也是一种技术。

为赢得他人的好感，很多人害怕说"不"——我们总是尽量避免拒绝别人、否定别人、批评别人。即便如此，有些时候，我们还是不得不说出"不"！委婉地说"不"，口应心不允，既是一种暗示语，也是我们换位思考、理解别人婉拒的途径。

1. 用安抚说"不"

你辛辛苦苦做了一个方案，甲方不满意，但又不想浇灭你的工作热情，往往先给你一定的安抚，再给你一个委婉的回绝。比如："这个方案很好，但是还要看我们老总的意见。"

当别人送礼品给你，而你又不能接受，可以用这样的方式客气地回绝：一是说客气话；二是表示受宠若惊，不敢领受；三是强调对方留着它会有更多的用途。

2. 用拖延表示"不"

你向老板提交了一份申请，老板不便当场拒绝，往往会说："先放一放，我认真考虑一下再说。"这句话的潜台词，其实是"我不同意这个申请"，你若识相，就不宜再提这件事了。

一位朋友想约你出去跳舞，在电话里问你："今天晚上八点钟去跳舞，好吗？"

你可以回答："明天再约吧，到时候我给你打电话。"

你的同事约你星期天去钓鱼，你不想去，可以这样回答："其实我是个钓鱼迷，可自从成了家，星期天就被妻子孩子没收啦！"

3. 用沉默表示"不"

当别人问："你喜欢×××吗？"你心里并不喜欢，这时，可以不表态，或者一笑置之，别人即会明白。

一位不大熟识的朋友送来请帖，邀请你参加聚会，你若不想去，可以不予回复，它本身就说明你不愿参加这样的活动。

4. 用推脱表示"不"

一位客人请求你替他换个房间，你可以说："对不起，这得由值班经理决定，他现在不在。"

你和妻子一块上街，妻子看到一件漂亮的连衣裙，很想买。你可以拍拍口袋说："糟糕，我忘了带钱包和手机。"

有人想找你谈话，你不想谈，可以看看手表说："对不起，我还要参加一个会，改天行吗？"

5. 用回避表示"不"

朋友请你去看了一部好评率不高的科幻片，走出影院后，朋友问："你觉得这部片子怎么样？"你可以回答："我更喜欢抒情一点的电影。"

你正发烧，但不想告诉朋友，以免引起对方担心。朋友关心地说："你量量体温吧？"你可以说："不要紧，今天天气不太热。"

6. 用反诘表示"不"

你和别人一起谈论时事，当对方问："你是否认为物价增长有些快?"

你可以回答:"那么你认为增长得太慢了吗?"